心理学者が考えた

「心のノート」逆活用法

伊藤 哲司 著
Ito Tetsuji

高文研

●──もくじ

はじめに 5
 ❋「心の時代」の時代性
 ❋「心のノート」の登場
 ❋「心のノート」の基本的構成
 ❋カウンセリングとの共通点
 ❋子どもたちへの影響は？
 ❋「心のノート」をどう"活用"するか

I 「こころのノート」小学校1・2年────17
 ❋「きょうをたのしい日にしよう」（表紙裏）
 ❋「このノートのつかいかた」（4～5ページ）
 ❋「あなたのことをおしえてね」（8～9ページ）
 ❋「気もちのいい一日」（12～15ページ）
 ❋「がんばってるね！」（16～19ページ）
 ❋「よいことすすんで」（20～23ページ）
 ❋「うそなんかつくもんか」（24～27ページ）
 ❋「あいさつはこころのリボン」（30～33ページ）
 ❋「あたたかいこころをとどけよう」（34～37ページ）
 ❋「ともだちといっしょ」（38～41ページ）
 ❋「ありがとうをさがそう」（42～45ページ）
 ❋「生きものをそだてよう」（48～49ページ）
 ❋「そとであそぼう」（50～51ページ）
 ❋「みんなみんな生きているよ」（52～55ページ）
 ❋「こころいっぱいにかんじよう」（56～59ページ）
 ❋「みんなのものだもん」（62～65ページ）
 ❋「かぞくが大すき」（66～69ページ）
 ❋「おせわになってます！」（70～73ページ）
 ❋「あなたがそだつまち」（74～77ページ）
 ❋「こころのアルバム」（78～79ページ）
 ❋「見ることもさわることもできない『こころ』……」（裏表紙の手前）

II 「心のノート」小学校3・4年 ---------- 41

* 「わたしにはある……」(表紙裏)
* 「心のノートをひらいてみよう」(4～5ページ)
* 「そっと自分に聞いてみよう」(6～7ページ)
* 「ふみ出そうひとり立ちへのたしかな歩み」(12～15ページ)
* 「よく考えることがあなたをもっとのばす」(16～19ページ)
* 「『今よりよくなりたい』という心をもとう」(20～23ページ)
* 「勇気を出せるわたしになろう」(24～27ページ)
* 「自分に正直になれば、心はとても軽くなる」(28～31ページ)
* 「礼ぎ——形を大切にして心をかよわせ合う」(34～37ページ)
* 「思いやりの心をさがそう」(38～41ページ)
* 「ひとりじゃないからがんばれる」(42～45ページ)
* 「みんなにささえられているわたし」(46～49ページ)
* 「植物も動物もともに生きている」(52～55ページ)
* 「生きているってどんなこと」(56～59ページ)
* 「自然の美しさにふれて」(60～63ページ)
* 「やくそくやきまりを守るから仲よく生活できる」(66～69ページ)
* 「みんなのために流すあせはとても美しい」(70～73ページ)
* 「わたしの成長を温かく見守り続けてくれる人……家族」(74～77ページ)
* 「学校はどんなところ?」(78～81ページ)
* 「わたしたちの心を育ててくれるふるさと」(82～85ページ)
* 「わたしたちの国の文化に親しもう」(86～89ページ)
* 「季節を感じる心をみがこう!」(90～91ページ)
* 「心に残したい言葉」「自由黒板」(92～95ページ)
* 「また、新しい春が来た……」(96ページ)

III 「心のノート」小学校5・6年 ---------- 65

* 「君たち。君たちはつねに晴れあがった空のように……」(表紙裏)
* 「これがいまのわたし」(4～5ページ)
* 「自分の一日は自分でつくる」(10～13ページ)
* 「夢に届くまでのステップがある」(14～17ページ)
* 「自由ってなんだろう」(18～21ページ)
* 「まじめであることはわたしのほこり」(22～25ページ)
* 「好奇心が出発点」(26～29ページ)
* 「自分を見つけみがきをかけよう」(30～33ページ)

- ※「心と心をつなぐネットワーク」(36〜39ページ)
- ※「あなたの心にあるそのあたたかさ」(40〜43ページ)
- ※「友だちっていいよね」(44〜47ページ)
- ※「よりそうこと、わかり合うことから」(48〜51ページ)
- ※「『ありがとう』って言えますか？」(52〜55ページ)
- ※「生きているんだね自然とともに」(58〜61ページ)
- ※「いま生きているわたしを感じよう」(62〜65ページ)
- ※「大いなるものの息づかいをきこう」(66〜69ページ)
- ※「いきいきしている自分　かがやいている仲間」(72〜75ページ)
- ※「ぐるりとまわりを見渡せば……」(76〜79ページ)
- ※「どうしてゆがめてしまうのか？」(80〜83ページ)
- ※「働くってどういうこと？」(84〜87ページ)
- ※「わたしの原点はここにある」(88〜91ページ)
- ※「学び合う中で」(92〜95ページ)
- ※「見つめよう　わたしのふるさと　そしてこの国」(96〜99ページ)
- ※「心は世界を結ぶ」(100〜103ページ)
- ※「道はつづく」(112ページ)

Ⅳ 「心のノート」中学校────────────────91

- ※「自分さがしの旅に出よう……」(表紙裏)
- ※「あなたがしるす心の軌跡」「私の自我像」(4〜5ページ)
- ※「はじめの一歩」(6〜7ページ)
- ※「いまここに23の鍵がある」(8〜9ページ)
- ※「元気ですか　あなたの心とからだ」(14〜17ページ)
- ※「ステップアップのために」(18〜21ページ)
- ※「自分のことは自分で決めたい」(22〜25ページ)
- ※「自分の人生は自分の手で切り拓こう」(26〜29ページ)
- ※「自分をまるごと好きになる」(30〜33ページ)
- ※「心の姿勢」(34〜35ページ)
- ※「礼儀知らずは恥知らず？」(38〜41ページ)
- ※「『思いやり』って…なんだろう？」(42〜45ページ)
- ※「太陽みたいにきらきら輝く生涯のたからもの」(46〜49ページ)
- ※「同じ一人の人間として」(50〜53ページ)
- ※「いろいろな立場があり考えがある」(54〜57ページ)
- ※「コミュニケーションは心のキャッチボール」(58〜59ページ)
- ※「悠久の時間の流れ　この大自然」(62〜65ページ)

* 「かけがえのない生命」(66〜69ページ)
* 「かみしめたい　人間として生きるすばらしさ」(70〜73ページ)
* 「集団、そして一人一人が輝くために」(82〜85ページ)
* 「縛られたくないのはみんな同じ」(86〜89ページ)
* 「自分だけがよければいい…」(90〜93ページ)
* 「この学級に正義はあるか！」(94〜97ページ)
* 「考えよう『働く』ということ」(98〜101ページ)
* 「家族だからこそ…」(102〜105ページ)
* 「この学校が好き」(106〜109ページ)
* 「ここが私のふるさと」(110〜113ページ)
* 「我が国を愛しその発展を願う」(114〜117ページ)
* 「世界の平和と人類の幸福を考える」(118〜121ページ)

おわりに　121

装丁＝商業デザインセンター・松田礼一

はじめに

＊「心の時代」の時代性

　「心の時代」と呼ばれるようになって、すでに20年近い年月がたちます。それは、1985年に臨床心理学者で現文化庁長官の河合隼雄氏が臨時教育審議会などで学校や家庭への心理学の導入を、と主張したあたりに端を発しています。高度経済成長も行く末が見えていたころで、開発一点張りの大量消費の時代は終わり、「豊かさとは何か」ということに人々が疑問を抱きはじめ、「物の豊かさ」の代わりに「心の豊かさ」が求められるようになった頃でした。

　やがてバブル経済が崩壊し、いよいよ「心の時代」は現実味を増していきます。1990年代になって、臨床心理士資格が確立され、「心の専門家」が登場し、スクールカウンセラーなどとしてその活躍の場を新たに作り広げていきました。1995年には、阪神淡路大震災が発生し、またオウム真理教による地下鉄サリン事件が起きて、「心の傷＝トラウマ」を負った人々のための「心のケア」の必要性が叫ばれるようになりました。臨床心理学者たちが、時代の寵児としてもてはやされるようになっていったのです。

　大学では臨床心理学を学びたいという学生が増え、高校まででは学べない心理学は、大学のなかでもっとも人気の高い科目や専攻のひとつとなりました。実際には心理学には、社会と個人の相互作用を読み解く社会心理学という私の専門分野も含めて、さまざまな分野があるにもかかわらず、将来の仕事としてカウンセラーをめざす心理学専攻志望の学生は今なおたくさんいます。

　そのような学生は、かつて自分自身が深く「心の問題」で悩んだという経験があることが多く、それゆえにそのような人たちの気持ちを自分

ならばわかってあげられるだろうと信じこんでいるようです。カウンセリングで一番救いたいのは自分自身であるかもしれないという自覚は乏しいように見えます。

　自伝を書くということがブームのようになった時期がありました。「自分のことを語りたい人はたくさんいるけど、それを聞く人がいない」「本を書きたい人はたくさんいるけど、それを読む人が少ない」といったことが現実にあるようで、ある社会心理学者は「だから（聞き手としての）カウンセラーが必要とされるのだ」と指摘しています。

　カウンセリングを全否定するつもりはありません。カウンセラーが、一人の援助者として有り難い存在になる可能性はたしかにあります。しかし、「心の病は『心の専門家』にしか扱えない」とする考えは、かえって危険だと思います。カウンセリングというシステムは、「心」に問題を閉じこめていく志向性——いわゆる心理主義——を有しているからです。

　「経済バブル」のあとに「心理バブル」がやってきたというところでしょう。これも「豊かなニッポン」のひとつの時代性です。経済バブルと同様、いずれはじけるのでしょうけれど、まだしばらくは続きそうです。

＊「心のノート」の登場
　こんな時代性を背景に2002年４月、「心のノート」なるノートが日本全国の小中学生に——いわゆる民族学校に通っている子どもたちは別として——配布されました。その年に長女（茜）が小学校１年生になった私も、しばらくその事実を知りませんでした。私が「心のノート」について取り上げた新聞記事をたまたま眺めていたら、隣で娘が、「あっ、これ、茜ちゃんも持ってる」と呟き、その存在を初めて知りました。
　「心のノート」には、小学校１・２年版／３・４年版／５・６年版と

中学校版の4種類があり、市販もされていたので、さっそく注文し入手してみました。全面パステル調のきれいなカラー刷りで、薄いノートながら子どもたちが興味をひきそうなイラストや写真がふんだんに使われています。

　最初に自分でこのノートに名前をつけるようになっていて、そのほかにも書き込みをする欄がたくさんあります。そして、「うそなんかつくものか」（1・2年版）、「ひとりじゃないからがんばれる」（3・4年版）、「『ありがとう』って言えますか？」（5・6年版）、「自分をまるごと好きになる」（中学校版）といった、子どもたちの「心」に働きかけるためのキャッチフレーズ——そんなことができている大人がいったいどれほどいるのだろうと思わないではいられないような言葉の数々——が、ページごとに並べられてあります。

　行き着く先は「我が国を愛しその発展を願う」（中学校版）。なるほどそうかと思いました。これは要するに、子どもたちに道徳の「心」を教え込み、ひいてはそれを「愛国心」に結びつけたいとする国家の意図が、一見ソフトに、しかし色濃く反映されたノートだったのです。

　「道徳教育の日常化」（文部科学省）を促すための補助教材で、教科書ではないので検定にかかることもなく、事前に話題にされることもなく、現場の教師も含めてほとんどの人が知らないまま、ある日突然全国一律に導入された、それが「心のノート」です。

　このノートを作成した中心人物が河合隼雄氏（「心のノート」作成協力者会議座長）であることを知って、思わず唸ってしまいました。このようなノートの作成に、知名度の高い心理学者が関わっているのでは、これが心理学の仕事であると見なされても仕方ありません。

　私も心理学者の端くれです。これはまことに困ったことだなと思いました。心理学が時勢に乗って、ナショナリズムの高揚のために利用されている……そういう構図が透けて見えるからです。心理学者の一人とし

て、心理学を利用してこのようなノートが教育現場に持ち込まれることには、まずもって明確に反対の意思表明をしておきたいと思います。

　＊「心のノート」の基本的構成
　小学校1・2年版／3・4年版／5・6年版／中学校版のそれぞれの「心のノート」は、どれも基本的に4部構成となっています。教師向けの『小学校・心のノート・活用のために』（文部科学省、以下『活用のために・小』）をもとに、私なりにまとめてみます。
　最初は「主として自分自身に関すること」が取り上げられます。まず自分自身に注目させて、「自己の在り方を考えて、望ましい自己の形成を図る」ことが意図されています。ここでまず、最初に「自己」ありという観点が明確にされます。「自己」にしても「心」にしても、何か確たる実体が個人の肉体のなかにあるわけではなく、人と人との関わりあいのなかで生まれ育まれるものなのですが、ここではそのような見方は採られていません。
　次に取り上げられるのが「主として他の人とのかかわりに関すること」です。自己に注目させたあとで、「身近な他の人との望ましいかかわり方を考え、自覚を深める」ことが企図されます。多くの他者とのかかわりあいのなかで自分も生きているという点に注目させること自体は、悪いことではないでしょう。しかしたとえば小学校1・2年版では、それが具体的には「こころとこころをむすぼう」という文言で表現されており、むしろ「むすばれたところにこころが生まれる」観点から考えると、本末転倒の感を否めません。
　3つ目には「主として自然や崇高なものとのかかわりに関すること」が取り上げられています。そこでは「美しいもの、人間の力を超えたものなどとのかかわりを通して自覚を深める」ことが目指されます。明確に宗教的な観点が示されているわけではありませんが、そのような志向

はじめに

「心のノート」各版の特徴と内容構成

		1・2年生版	3・4年生版	5・6年生版	中学生版
主な特徴		寓話的で、夢を持つことができるゆとりのある紙面／繰り返し見ることによってイメージがふくらみ、自分を大切に思う気持ちがわく温かなメッセージ／家庭との連携を深めるための家族からの言葉の記入欄	よりよくなろうとする意欲がわく言葉や、道徳の内容をわかりやすくとらえるための基本的な視点／3・4年に分けて計画的に調べたり、長期的に振り返ったりする記入欄／シミュレーション的な方法や家庭などへの取材のための欄	情報量や構成の仕方に抑揚や変化を付けた目を引くレイアウト／発達段階に即し、子どもの本心を引き出し、批判的な見方を揺さぶるような投げかけ／自分なりのやり方ややりたいことを書き出す記入欄	生徒一人一人が自ら学習するための冊子／生徒の心の記録となる冊子／学校と家庭の「心の架け橋」となる冊子（※小学生各版にも共通の特徴。『中学校・心のノート・活用のために』には中学生版だけの特徴についてはとくに記載なし。）
自分を知るフェイスシートの標語		あなたのことをおしえてね	そっと自分に聞いてみよう	これがいまのわたし	私の自「我」像
内容項目を確かめる鳥瞰図（目次に記されたキャッチフレーズ）		うつくしいこころをそだてよう	心をみがき大きく育てよう	自分らしく心を育てかがやかせよう	いまここに23の鍵がある
主要4部構成	①主として自分自身に関すること	むねをはっていこう（4項目）	かがやく自分になろう（5項目）	自分を育てる（6項目）	自分を見つめ伸ばして（5項目）
	②主として他の人とのかかわりに関すること	こころとこころをむすぼう（4項目）	人ともに生きよう（4項目）	ともに生きる（5項目）	思いやる心を（5項目）
	③主として自然や崇高なものとのかかわりに関すること	いのちにふれよう（3項目）	いのちを感じよう（3項目）	生命を愛おしむ（3項目）	この地球に生まれて（3項目）
	④主として集団や社会とのかかわりに関すること	みんなときもちよくいよう（4項目）	みんなと気持ちよくすごそう（6項目）	社会をつくる（8項目）	社会に生きる一員として（10項目）
特設ページの見出し		心のアルバム	季節を感じる心をみがこう！／心に残したい言葉／自由黒板	心にひびく言葉／わたしのページ／わたしの主張／さあ中学生 そして未来へ	あなたがしるす心の軌跡／はじめの一歩／心でなければ本当のことは見えないんだよ／心の姿勢／コミュニケーションは心のキャッチボール／生命を考える／あの人からのひと言／新しい出発

（『小学校・心のノート・活用のために』『中学校・心のノート・活用のために』を参考にして作成）

性があることは確かでしょう。これも大切な点ではありますが、それを言葉で「体験」させようというところに無理があります。またこの３つ目の点は、最後の観点への枕として重要な役割を果たしてしまっています。

最後の観点は、「主として集団や社会とのかかわりに関すること」です。ここでは「様々な集団、郷土、我が国、国際社会の中の一員として自覚を深める」ことが促される内容となっています。前段階で「自然や崇高なもの」に着目させて、今度はその敬愛の対象を「親」「先生」「学校」「郷土」「我が国」などへと置き換えさせようとしています。小学校１・２年版ではまだ登場しませんが、３・４年版では早くも「わが国」という言葉が登場します。「社会や国家は敬愛すべき対象であって、批判するなんてことがあってはならない」というメッセージが底流にあるようです。

小学校１年生から中学校３年生までの義務教育９年間をかけて、以上の４つの観点が４回繰り返されることになります。色彩豊かなつくり――どうにもセンスが悪いと感じる人も多いようですが――も相まって、まことにもって巧みな作りです。近年、気安く使われるようになった「癒し」という言葉も連想されます。東京大学の高橋哲哉氏は「心のノート」は「癒し系ナショナリズムだ」と看破していますが、まことにもって的を射た指摘です。

＊カウンセリングとの共通点

ところでカウンセリングにおいては、一般的に共感的理解が重視されます。カウンセラーの基本的役割は、「気の利いたアドバイスをする」ことではなく、クライエント（来談者）の話を聞き、それがいかに理不尽であろうともまずは受容することになっています。そうしたなかでクライエントが自分で解決策を見いだしていくというのが、カウンセリン

グの教科書的な説明です。

　しかし、カウンセラーとクライエントは対等な立場なのかというと、そうではありません。カウンセラーはやはり「心の専門家」としてクライエントの前に登場するわけですし、カウンセリングの場面全体を緩やかにコントロールする権限を握っています。クライエントは自分の話をとてもよく聞いてくれるので——たぶんそんな場面は、他ではそうそうないのでしょう——、一見自分が主導権を握っているような錯覚を覚えるものですが、カウンセラーが持っている解釈枠組みのなかで泳がされているようなものでもあり、そこからはみ出していくことに対しては、緩やかにブレーキがかけられます。望ましい答えはひとつだけということではありませんが、カウンセラーはそれなりに望ましい方向性を知っていて、そこにクライエントが"自ら"進んでいくように導いていきます。

　たとえば不登校気味の子どもに対してカウンセリングを行った結果、その子どもが学校に再び行けるようになったとしましょう。それはおそらく親にとって望ましい結果ですし、カウンセラーとしても上手くいった事例として記録されることでしょう。しかし当人にとっては、それで本当に良かったのでしょうか。もし学校が何も変わらずに、その子の「心」が変わった（変えられた）結果、学校に行けるようになったのだとしたら、学校が抱えている問題はそのまま温存されることになります。カウンセリングでは基本的に個人の「心」を対象とするために、皮肉なことに社会の体制維持にも一役買ってしまうこともあるのです。

　「心のノート」には、子どもたちが自ら書き込みをする欄がたくさんあります。それらは一見自由に書き込みができるようでいて、そこには自ずと「望ましい答え」が想定されているようにどうしても見えます。「自由に書いていいんだよ」というメッセージを言葉で伝えても、子どもは素直にそう受けとらないかもしれません。「先生はこう書いてほし

いんだろうな」とか、「こういうふうに書けば問題ないのだろうな」とか、そうしたウラを読んでしまう子もいることでしょう。カウンセリングで暗に存在する「望ましい答え」とそこへの導きが、ここにもあります。

　しかも「『心』のノート」です。小学校の低学年から「心」に着目させ、そこに問題を帰属させようとする志向性は、何か物事に違和感を感じても、それはむしろ自分の「心」の問題だというように理解させられる可能性もあります。学校や社会を変えたいという発想は抑えこまれ、個人がそこに適応していくことがむしろ奨励されます。要するに「学校や社会に対する批判精神は持たなくていい」ということです。

　戦前の「修身」の内容に「心理主義」が加わったのが「心のノート」だとする批判があり、それもまた当たっていると私が考える所以です。

＊子どもたちへの影響は？

　では、このノートの作成者・推進者たちの意図どおりに「心のノート」が活用されたとして、子どもの「心」にどのような影響があるのでしょうか。それについては、年月をかけて調査をしてみないと定かにはわかりませんが、このノートがいくら「道徳教育の日常化」を目指したもので、道徳の時間以外でもある程度は活用されたとしても、子どもたちはさまざまなものに接して大きくなっていくわけですから、このノートだけがとりわけ強い影響力を持つとは思えません。

　しかし、このような内容にあまり違和感をかんじたり疑問を持たないような子どもがジワリと増える……少なくともそれぐらいの影響はあるのだろうと私は予想しています。義務教育の期間を通して繰り返し「心のノート」に接したならば、一人ひとりの子どもでみれば小さな影響でも、日本全体で見ればそれなりにひとつの力になってしまうような影響があるのではないかと思います。

実際に現代の若者たちは、すでに思いのほか「保守的」な面を見せることが少なくありません。私は自分が勤務する大学で、「常識を疑ってみることが学問の始まりである」という観点から、拙著『常識を疑ってみる心理学――モノの見方のパラダイム変革――』(北樹出版)を使った授業を展開しているのですが、時折「先生は疑いすぎで、一体何を信じて生きているのですか？」といった類の反発を学生から食らうことがあります。もちろん私も「常識」というのは基本的に大切だと思っており、ありとあらゆる「常識」をひっくり返せなどとは言わないのですが、「一見理不尽な校則だって、社会のルールを覚えるためには大切なんですよ」などという若い学生の言葉を聞くと、正直言って面食らってしまいます。

　「心のノート」について、授業のなかで学生たちから感想や意見を寄せてもらったことがあります。たとえば「はじめて読んで寒気に似た感覚をおぼえた。"生きがいや生きる喜びについて考えてみよう" "好きな異性がいるのは自然" など、様々なことがスローガンや問いかけといったやり方で示されている。(中略)ここまで書かれていると読んでいても素直に受け入れにくい」といった反応を返してくる学生も少なからずいます。一方、「私はこの『心のノート』を見て、自己を見つめたり、様々なことを考える助けとなるのではないかと思いました。(中略)こういうものに接し、少しでも知ったり考えさせられたりする機会が得られれば、命などへの意識も高まっていくのではないかと思いました」などという感想を述べる学生も、またけっこういるのが実情です。

　社会や国家に対する批判精神がそこで封じ込められているという感覚はほとんどないのでしょう。「心のノート」が使われていった結果、この後者の学生のような感想を漏らす子どもや若者が増えるのではと危惧します。

＊「心のノート」をどう"活用"するか

「心のノート」が小中学校の現場で熱心に使われはじめたという話は、私はまだ聞いたことがありません。多くはつまみ食い的利用に留まっているようです。しかし、いずれ上の方から利用実態の調査が入り、教師や子どもたちが"自主的"に使うように仕向けてくることでしょう。もうすでにそのような動きがあるとも聞きます。では、小中学校の教師なら、どうすべきでしょうか。

そのあたりに放置して適当に使った振りをしておくのが正解というものですが、現実問題としては校長や同僚の目もあり、そうもいかないのかもしれません。ならば「心のノート」の意図を逆手にとって、別の使い方を考えてみてはどうでしょうか。たとえば、国家の意図を読み解く格好の教材として……。

本書では、「心のノート」を単に批判するだけでなく、あえてこれを使って、逆に子どもたちの批判精神を養うテキストとして活用する指針を提示してみたいと思います。ポイントは、たとえば次のようにいくつかあります。

◆まず、すべてのページをフルに活用するということをせず、つまみ食い的利用でよいのだと教師が開き直る。そこそこは使ったという「実績」が残る程度に。

◆「明るく元気にがんばる子」といった、大人が望む子ども像を、「心のノート」を通じて子どもたちに強要しない。とくに鬱的な子に「がんばれ」は毒を盛るようなもの。

◆そもそも大人たちがここに書かれてあるようなことを実際に守っているのかどうか、実行しているのかどうかを子どもたちに考えさせる。とくに社会に影響力の強い政治家などの言動に注目させる。

◆書き込む欄がたくさん設けられているが、教師にとって望ましいと思われる言葉を書くようには誘導しない。「べつに……」といった冷め

た反応もよしとする。
　◆「心のノート」に出てくる文章には筆者名が書かれてないことが多いが、これを書いた大人がどんな人で、どんな気持ちで自分たちにこれを読んでほしいと考えたのか、子どもたち自身に推測させる。筆者たちの隠された意図を見抜くために。
　◆「心のノート」が生まれてきた歴史的背景や時代性、それに文部科学省や国家の意図について解説する。そこからさらに、問題意識を子どもたち自身が深められるように。

　もちろん教師の方々のなかにも、たとえば「日本人としての自覚」や「愛国心」が大切と考える人もいることでしょう。しかしそれは、子どもたちが自分でさまざまなものに触れて自ら考えていくべき事柄であり、教室のなかで一律に教えられるべき事柄ではありません。教育は国家のためにあるのではありません。個人が個人として大切にされ尊重されるということ、それが、近代という時代以降、私たちがかろうじて培ってきた教訓であり、普遍性のある価値というものです。押しつけの「愛国心」など拒否する権利を、子どもたちのみならず、私たちは基本的に持っているのです。
　「心のノート」の活用法は、さまざまに考えられると思います。誌面の関係で全ページには触れることができませんが、以下をヒントに、現場でいろいろと工夫してください。

Ⅰ

「心のノート」
小学校1・2年

(表紙)

小学生になったばかりの子どもたちが手にするこのノートは、「寓話的で、夢を持つことができるゆとりのある」ように見える「誌面」で構成され、「繰り返し見ることによってイメージがふくらみ、自分を大切に思う気持ちがわく」かのような一見「暖かなメッセージ」が数多く綴られています（『活用のために・小』）。センスの善し悪しや好みはあっても、小学校に入学したばかりの子どもたちがいきなりこのノートに違和感をかんじたり、拒絶反応を起こしたりすることは、おそらくほとんどないでしょう。しかしそれこそが、筆者たちの狙いであって、これから９年間にわたって使い続け、最後まで違和感をかんじないでいてほしいとの願いが暗に込められていると見るべきです。

　全般を通して、ポジティブなことばかりが取り上げられ、ネガティブなことには目を向けさせない志向性が明らかにあります。ポジティブなことだけを取り上げれば、子どもの「こころ」が「おおきくうつくしく」育つわけではありません。あえてネガティブなことも取り上げることが、むしろ必要とされるときもあります。

　小学校１年生から「心」に着目させてそこに問題を閉じこめていくような志向性を持たせるこのノートの意図については、教師や親たちがそれに自覚的になって避けさせる努力をすべきです。子どもたちには、表紙に象徴的に描かれているようなフワフワとした現実感の乏しさではなく、地に足をしっかりつけた雑草のようなたくましさを身につけていってもらいたいものです。

＊「きょうをたのしい日にしよう」(表紙裏)

　２人の子どもがメルヘンの世界を漂っているかのような表紙をめくると、いきなり「きょうをたのしい日にしよう」という言葉とともに「このノートになまえをつけてね」という指示がされています。このノート

『「こころのノート」1・2年』表紙裏・1ページ

には、書いている主体（いわゆる主語）が明示されない文章が多く、誰の「声」かわからないという文章が随所に出てきますが、あえて名前を付けさせるのは、このノート自体がひとつの人格を持った人間であるかのように子どもたちに錯覚させる仕掛けです。

　しかしこの時点で、子どもにとってはこれがどんなノートなのかわかるわけもありません。このノートが何となく嫌だなと思ったらヘンチクリンな名前を付けたっていいのですし、どんな奇抜な名前を付けたって構わないはず。そもそも「ノートに名前をつけるなんてヘン」と子どもが思うなら、こんなところにいちいちこだわる必要はありません。

＊「このノートのつかいかた」（4〜5ページ）
　いきなり「こころ」が強調されるところが、昨今の「心の時代」を反

> ## この ノートの つかいかた
>
> この ノートは、あなたの こころを
> おおきく うつくしく
> していく ための ものです。
> こころの えいようを
> じょうずに とるための
> ヒントも たくさん のって います。
> この ノートを がっこうや いえで
> くりかえし ひらいて、
> あなたの こころを
> おおきく うつくしく して ください。

『「こころのノート」1・2年』4ページ

映していることを、教師がまずもって理解しておくべきでしょう。小学校低学年の子どもでも「こころ」という言葉を何となく理解しているでしょうけど、「こころ」は人と人との関わりのなかに生じるものです。「無人島で暮らしたロビンソン・クルーソーには性格はあるのか」というロビンソン・クルーソー問題というのがあるのですが、実はこの問いかけそのものがナンセンスであり、他者がいないところでは「性格」は問題になりません。「こころ」もまた、他者や何かとの関わりがあるなかで問題となる概念です。

　いきなり小学校低学年の子どもに「あなたのこころをおおきくうつくしくしてください」（4ページ）と問うてもピンとこないでしょう。そもそも子どもたちの「こころ」は、当然美しい側面ばかりではありませんし、教師や親たちの願望とは裏腹に、「こころ」はちりぢりに乱れたりするものです。「心」という漢字が4つものパーツからできていて、いかにもバラバラしているのが、そのことを表していると言う人もいるくらいです。

　幼い子どもに「こころ」を強調する必要などありません。こんなページも、さっさと飛ばしていきましょう。

＊「あなたのことをおしえてね」
（8～9ページ）

　「すきなたべもの」「とくいなこと」「すきなあそび」……、こういった事柄を「おしえてね」とソフトに要求するのは、いったい誰なのでしょうか？　いわゆる自己紹介に相当するのがこのページですが、私たちは相手が誰だかわからないまま自己紹介をするということは通常ありません。具体的な他者がいて初めて、私たちは自己紹介ということをするわけです。子どもだからといって、そういう部分をないがしろにしてはいけません。

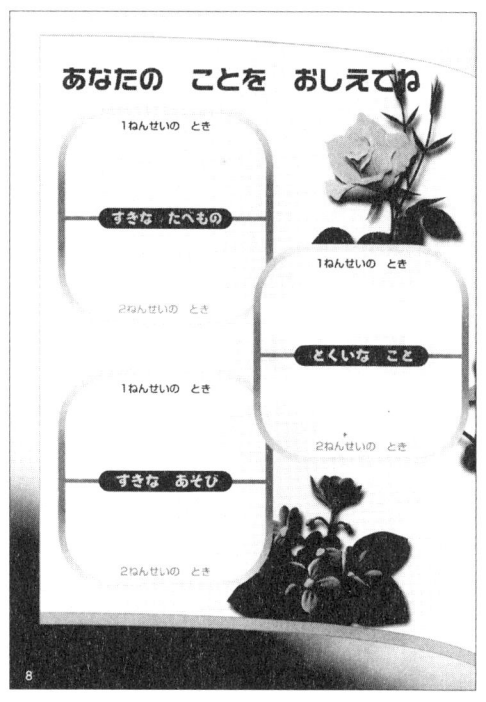

『「こころのノート」1・2年』8ページ

　もしこのページに書かせるならば、「先生におしえてね」とか「クラスのみんなにおしえてあげてね」とか、少なくとも相手が誰かということを明確にするべきです。でも教えたくないことは教えなくていいのですし、ちょっと虚勢を張って書いたっていい。それに「すきなたべもの」を書かせるなら「きらいなたべもの」も、「とくいなこと」を書かせるなら「にがてなこと」も書いてもらったほうがいいでしょう。物事には常に、ポジとネガがあるのですから。

＊「気もちのいい一日」（12～15ページ）

　ここに描かれているような、朝から晩まで「気もち」よくニコニコと過ごしている子どもなんて、現実にはいません。子どもたちを取り巻く

『「こころのノート」1・2年』12・13ページ

　大人たちだって、しかめっ面をしていたり、不機嫌な顔をしていたり、ガミガミと小言を言っていたり……そんなことは当然子どもだって知っています。喜怒哀楽というさまざまな感情があるからこそ、喜びを喜びとして気持ちよく感じることができるわけで、常に「喜び」ばかりであれば、それはもはや「気もちのいい」ものでも何でもないわけです。

　たとえば朝起きた時、いつも自分がどんな顔をしているか、きっと多くの子どもは12ページにあるようなすっきりとした表情をしてはいないでしょう。寝起きの自分の顔を思い出して絵に描いてみる……ついでにお父さんお母さんの寝起きの顔も……などとやってみると、子どもはけっこう面白がるかもしれません。授業中の先生の顔を描かせたら、不機嫌な表情が描かれたりして、教師にはショッキングかもしれませんが。

　机の中の「しまいかたはじょうずかな？」（14ページ）には、机の中

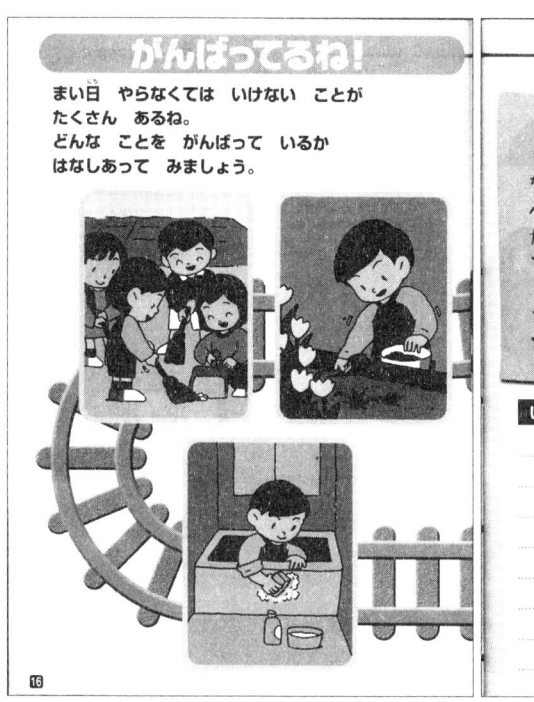

がんばってるね！

まい日　やらなくては　いけない　ことが
たくさん　あるね。
どんな　ことを　がんばって　いるか
はなしあって　みましょう。

16

『「こころのノート」１・２年』16ページ

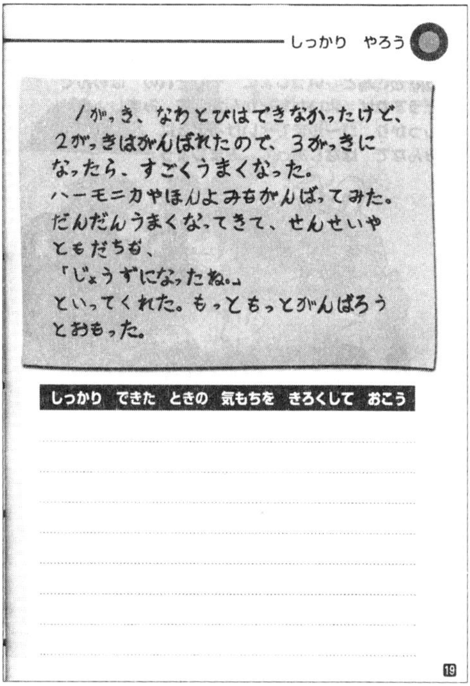
しっかり　やろう

１がっき、なわとびはできなかったけど、
２がっきはがんばれたので、３がっきに
なったら、すごくうまくなった。
ハーモニカやほんよみもがんばってみた。
だんだんうまくなってきて、せんせいや
ともだちも、
「じょうずになったね。」
といってくれた。もっともっとがんばろう
とおもった。

しっかり　できた　ときの　気もちを　きろくして　おこう

19

『「こころのノート」１・２年』19ページ

を整理整頓しようというメッセージが込められているのでしょうが、グチャグチャと整理されていない机の中を子どもたちはむしろ好むのかもしれません。何せ整理整頓する気をつかわず、手間がいらないのですから。どちらがいいかということは、子どもたちが自分で判断すればいいのです。あえて「整理されていない机の中のいいところ」を子どもたちに考えさせるのも手です。ついでに職員室の先生たちの机の中の実態を子どもたちに調べさせるのもいいかも。しかも抜き打ちで……。

＊「がんばってるね！」(16〜19ページ)

どうも大人たち——それも年配の人であればあるほど——は「がんばる」という言葉が好きなようです。戦後の大変な時代から高度経済成長を成し遂げてきた世代の人たちにとっては、とくに「がんばる」は非常

に価値ある言葉として響くのかもしれません。「がんばる」ことの価値を否定するのではありませんが、がんばれない子にとって「がんばれ」は、きわめて脅迫的な言葉として響きます。「がんばれ」は「我を張る」ことでもあるのですから。

　明日に続くレールが描かれてもいますが（16〜17ページ）、子どもは軌道に乗せられるべき存在ではありません。「べんきょう」「かかりのしごと」などに対し「ちゃんとできてるよ！」か「ときどきわすれてしまう」の２択のいずれかを選ばせる（18ページ）のもあまりに強引。「ときどきわすれてしまう」どころか、「やりたくない」のかもしれませんし、実際に「いつもやらない」のかもしれません。

　「しっかりできたときの気持ちをきろくしておこう」（19ページ）に記入させるとしても、その上にある下手な例——どうみても子どもが書いたとは思えない例——を参考にさせないことです。誘導尋問的になることには教師の側が十分禁欲的であるべきです。

＊「よいことすすんで」(20〜23ページ)
　ここでは「よいこと」を「すすんで」おこなう「うさぎさん」が、他の動物たちの悪い行いを告発しながら迷路のような道をたどってゴールインしバンザイをするという姿が描かれています。でも現実にそんなことをしたら、友だちに見捨てられたり、いじめに遭ったりして、悲惨な思いをするのかもしれません。当たり前ですが、子どもたちは「よいこと」ばかりでなく「わるいこと」もし、その「わるいこと」のなかでも何かを学びながら大きくなっていきます。

　何が善いことで何が悪いことかは、これも当たり前ですが絶対的なことではありません。22ページにはイラストで「善いことのはずなのになかなか勇気がなくてできない」例が挙げられていますが、電車やバスでお年寄りに席を譲ろうとしても「まだそんな歳じゃない」と不快に思わ

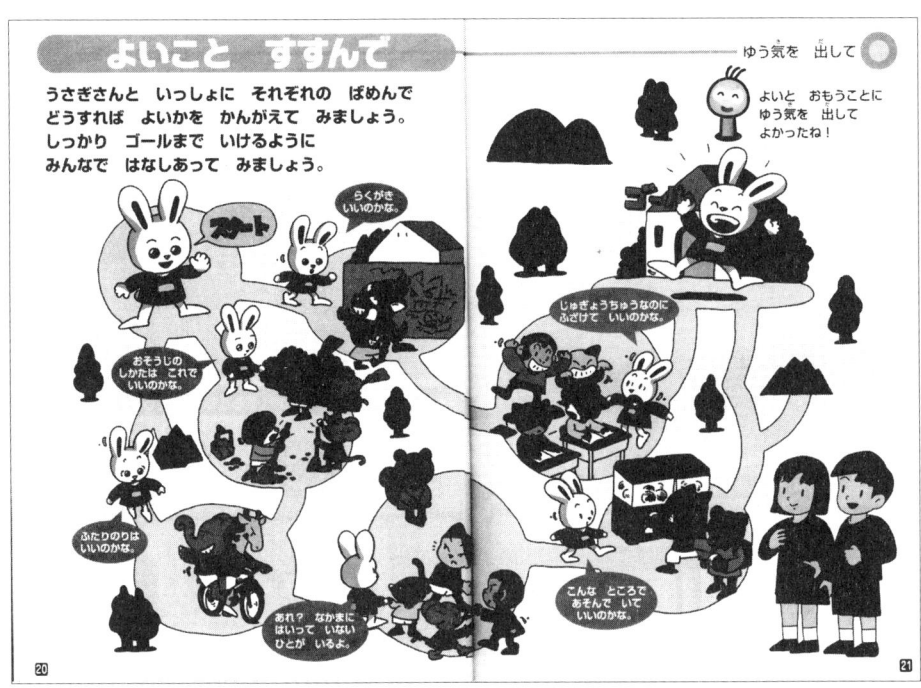

『「こころのノート」1・2年』20・21ページ

れるかもしれず、ゴミが落ちているのに気づいても捨てた人を注意すべきかもしれず、授業中に手を挙げることをためらっても答えがわからなければ挙げないほうがいいかもしれないわけです。そもそも善と悪は、しばしば表裏一体です。

　戦争では、人を殺すことが「善いこと」にもなりかねません。大人たちが堂々とやっている事柄——「タバコを吸ったりお酒を飲んだりする」「夜更かしして起きている」「髪を染めておしゃれをする」等々——をいくつも挙げて、その「善悪」を子どもたちなりに判断させて話しあってみるのも面白いと思います。

＊「うそなんかつくもんか」(24〜27ページ)

　ここにもまた、誰が書いたのかわからない作文——きっと顔の見えな

『「こころのノート」1・2年』24・25ページ

い筆者の一人が創作（捏造）したのでしょう——が登場します。「本とうはぼくがやぶいたのにおとうとがやった」と「うそついちゃった」ところ、「ロボットが目を赤くし」「ぬいぐるみのタロベーがくびをかくんとまげ」「おとうとがおしゃぶりをおとして『フギャー』とないた」。まるで警察官による尋問のよう。そんな監視された状況のなかでは、人はますます嘘をついてでも自分を守ろうとするものです。（それにしても河合隼雄氏が「日本ウソツキクラブ」の会長も務めているというのは、まことに皮肉です。）

『活用のために・小』には「……思わずうそをついてしまったとき、6枚の絵の中の子どもに自分を重ねて考える。そして、本当のことを言う勇気を持ちたいとき、また、このページを開きたくなる」と書いてありますが、ほとんど冗談にしか聞こえません。

『「こころのノート」1・2年』26・27ページ

　人はそもそも嘘が大好きで、嘘をつく存在です。子どもたちに、「本当に見える大きな嘘」を創作させて、そのコンクールでもしてみると面白いかもしれません。もちろん教師も参加者の一人になって、それを全員で審査し、一番面白い「嘘」を表彰してみるというのはいかがでしょう。エイプリルフールを独自に実践してみようということです。

　でもやはり「ついてはいけない嘘」や「守らねばならない約束」もあります。小泉首相が国債発行の限度額についての公約を守れなかったのを、「これぐらい守れないのは大したことではない！」と開き直って答弁したことなど論外。嘘つきコンクールの後に「それでもやっぱりついてはいけない嘘」について考える機会があるとよいと思います。

　「ないしょのはこ」（26ページ）については、「そのはこをもっていること、あなたはすきかな。きらいかな」と、「ないしょ」を持つことが良

くないことが示唆されていますが、内緒を持つということは自我を守るということでもあり、誰だって当たり前のようにやっていることです。内緒は内緒にしておくからこそ意味があるのであって、教師であっても子どもの内緒に触れる権利はありません。

30個の風船が描かれた27ページは、単なる塗り絵のページにしてしまうのが正解でしょう。

❋「あいさつはこころのリボン」(30～33ページ)

「あいさつ」が「リボン」に例えられていますが、リボンは女の子の髪やプレゼントに付けられるものであって、「あいさつは人と人とを結びつけていくもの。だから『こころのリボン』」(『活用のために・小』)と説明されても、子どもたちにはよくわからないでしょう。「あいさつは接着剤」とか「あいさつはチューインガム」とか、もっと別の発想豊かな「あいさつは○○」という比喩を子どもたちに考案させるのがひとつの手です。

新しい挨拶言葉を子どもたちに創造させるのも楽しそうです。遅く起きてきたら「おそようございます」とか、有り難くないときは「ありがとうございません」とか、そんな言葉遊びを通して、普段使う挨拶言葉の意味を考えさせることもできるでしょう。

結局子どもが挨拶するかどうかは、大人同士がちゃんと挨拶をしているかどうかがポイントです。大人同士がろくに挨拶もしないのに、子どもたちに「あいさつしましょう」と言っても、子どもには空々しく響くだけです。

「じょうずにできたかな」(32～33ページ)のページは、小学校1・2年を通して毎月挨拶ができたかどうか記録し続けるというページですが、それにしても絵がゴチャゴチャしていて、大人でもわかりづらい。子どもたちが、そんなに根気強く記録し続けられるとは思えません。これも

『「こころのノート」1・2年』30・31ページ

単なる塗り絵のページにしてしまいましょう。

＊「あたたかいこころをとどけよう」(34〜37ページ)

「あたたかいこころ」を「ゆうびんやさん」になって「お年より」や「小さい子」に届けようという指示がなされていますが、そもそも身近な人たちと実際に接して「あたたかいこころ」を実感できるかどうかが問題です。優しいお爺さんお婆さんもいますが、ちっとも優しくない年配者がいるのも、また現実でしょう。「年配者は善人」という暗黙の前提で子どもに接するのは、明らかに実状に合っていません。

2年生になると自分より小さな1年生の世話をしてあげたいという気持ちが生まれるということは概してあることだと思います。そのような機会——1年生を連れて学校内を案内するとか——を作ってみるのは、

なかなかよい試みでしょう。その結果どんなことを感じたかを書かせるのもいいでしょうけど、37ページにある小さなひまわりに模して描かれた欄に押し込めて書かせるのではなく、自由奔放に書けるスペースを確保したほうがよいと思います。

※「**ともだちといっしょ**」(38～41ページ)

「1ねんせいになったら、ともだちひゃくにんできるかな」という歌がありますが、日本では小学生になったら友だちを100人も作らねばならない強迫だという指摘があります。「ともだちとあそぶのってたのしいな」(38ページ)とありますが、同じクラスの「ともだち」と遊ぶのが、ちっとも楽しくないという子どもがいてもおかしくありません。

小学校低学年でもすでに、仲の良い友だち、大好きな友だちがいる一方で、「あの子、ちょっときらい」といった気持ちがあったりするものです。もちろんケンカもすることでしょう。いじめの芽が生まれるころかもしれません。「みんななかよく」とよく言いますが、大人たちだって「みんななかよく」なんてしていません。教師同士だってそうでしょう。それが私たちの普通の人間関係です。

「みんな」と「ともだち」になることを強要しないことです。子どもたちは自分たちで、ときにぶつかりあいながら関係を作っていくのですから。

「ともだちからもらったはげましのことばやうれしかったことばをきろくしておこう」というページ（40～41ページ）ですが、これをやるなら同時に「ともだちからもらったいやなことば」も記録し、その子を告発するというのではなく、どうしてそんな言葉をその子が発したのかを考えるきっかけにしたらよいと思います。「ともだち」は自分にとっていい言葉だけを言ってくれる存在ではないのですから。ネガティブな側面に触れることには、もちろん配慮が必要ですが、触れないということ

『「こころのノート」1・2年』42ページ　　　『「こころのノート」1・2年』45ページ

がむしろ傷を広げることにもなるということは、大人たちが身をもって知っているはずです。

＊「ありがとうをさがそう」(42～45ページ)

「まちのあちこちにありがとうが見えるね」（43ページ）というのは本当でしょうか。このアンパンマンを盗作したような「ありがとうマン」（?）など、街のどこをさがしても見つからないかもしれません。そもそも「ありがとう」は「有り難う」であり、「有り難い＝めったにない」という言葉から派生した言葉であって、「あちこちに」あるというのは言葉として矛盾しています。

「いえや学校やちいきの中でいつもおせわになっている人にありがとうカードをわたそう」（45ページ）というのも、子どもたちにとっては

単に大きなお世話かもしれません。

　それでも心から「ありがとう」と言えるのは、素敵だと思います。こんなに探したり強要されたりする「ありがとう」ではなく、「本当に『ありがとう』と言いたくなったのはどんなときかな？」と、子どもたちに問うてみるのはいいかもしれません。「そんなことまだ一度もない」という反応があっても、それを受けとめる大人の側の度量が必要です。

　＊「生きものをそだてよう」(48〜49ページ)
　植物を育てるもよし、生きものを世話してみるもよし、自然のなかで遊ぶのもよし。でもそんなことは、こんな誌面上で考えさせることではありません。

　＊「そとであそぼう」(50〜51ページ)
　こんなこといちいち言われなくても、だいたいの子どもは外で遊ぶのが好きで、大人が忘れてしまった感覚で、いろんなものを発見しているものです。一方、部屋のなかで遊ぶほうが好きという子もいます。いずれにしても子どもは遊びのプロですから、大人があれこれ言う必要はない──ましてや文部科学省が口出しする必要はない──わけです。むしろ教師のほうが子どもの遊びから学ぶことのほうが多いでしょう。

　教師は忙しすぎるとよく言われますが、子どもたちと一緒に遊ぶ余裕を持つことです。子どもたちの遊びの工夫の数々を、子どもたちの協力を得て記録に残していくことは、のちのちのよい記念になるのでは。

　＊「みんなみんな生きているよ」(52〜55ページ)
　このページでは「生」だけが語られて「死」が語られていません。「心のノート」全般に言えることですが、ポジティブなことだけに言及があり、ネガティブなことには触れないというのは、やはり問題があろ

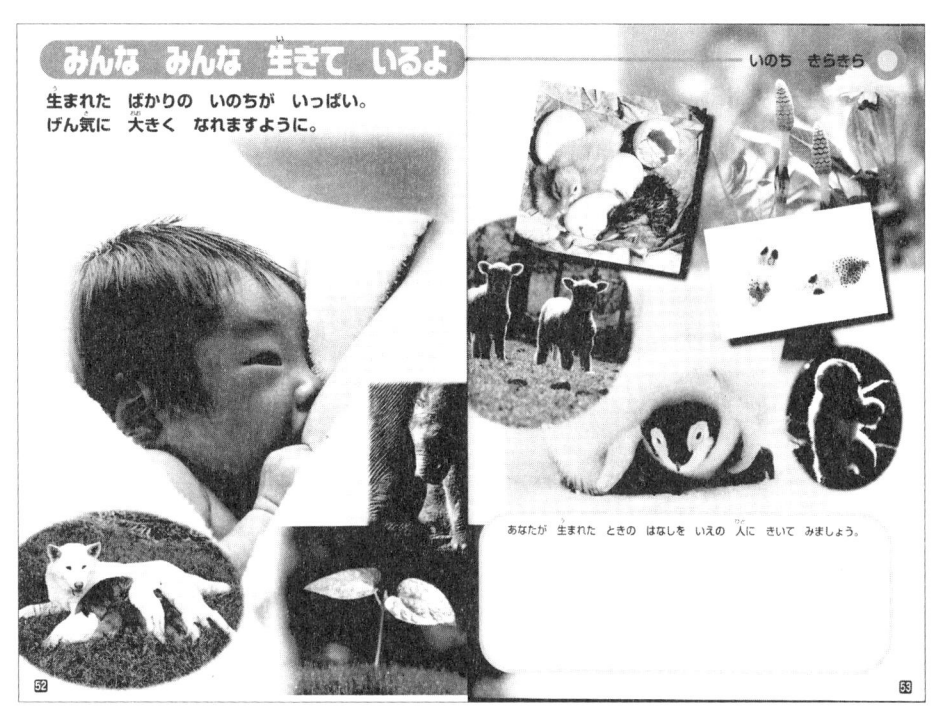

『「こころのノート」1・2年』52・53ページ

うというものです。

「生きているものには、いつか必ず死が訪れる」ということを、子どもと一緒に考えてみたいものです。死があるからこそ、生が価値あるものとなるわけですから。死のイメージをやたらと煽ることは避けたほうがよいでしょうが、自分の両親や自分自身もいつかは死ぬということを、思い切って取り上げて話しあってもよいのでは。

また「食べる」という行為のなかには、何かを殺すという側面が必ず含まれています。たとえば給食で食べるお肉は、誰かが鶏や豚や牛を殺したから肉としてあるわけです。お米だってパンだって野菜だって、植物を殺して食べているということ、そのことに気づかせることも——まず何より教師が気づくことが大事ですが——必要だと思います。

54〜55ページには「げんきカード」なるものが登場します。「げんき」

『「こころのノート」1・2年』54ページ

の出ない子どもにとっては、まことに煩わしいカードでしょう。子どもが元気なのは結構なことですが、元気のないことが悪いわけではありません。

＊「こころいっぱいにかんじよう」
（56〜59ページ）

「うつくしいとかんじられるこころを大せつにしましょう」ということ自体、もちろん悪いことではないと思います。でも一方で私たちは、たとえば「美しい自然」を眺めながら、足下に捨てられたゴミを見て「汚いなぁ」と感じることもあるわけです。

「うつくしいとかんじたりふしぎだなとかんじたりしたことをきろくしておこう」（58ページ）と子どもたちに呼びかけるなら、同時に「きたないとかんじたりいやだなとかんじたりしたこともきろくしてみよう」と呼びかけてはどうでしょうか。子どもたちを取り巻く環境には、「うつくしい」ことが多いのか、それとも「きたない」と感じることが多いのか。環境を整えるのは大人の責任ですが、子どもたちが自分の生活世界をどう捉えているのかは、環境整備のためのきわめて貴重な情報となるだろうと思います。

感性豊かにというのはよいことだと思いますが、それは「うつくしいとかんじられるこころ」だけで成り立っているわけではありません。

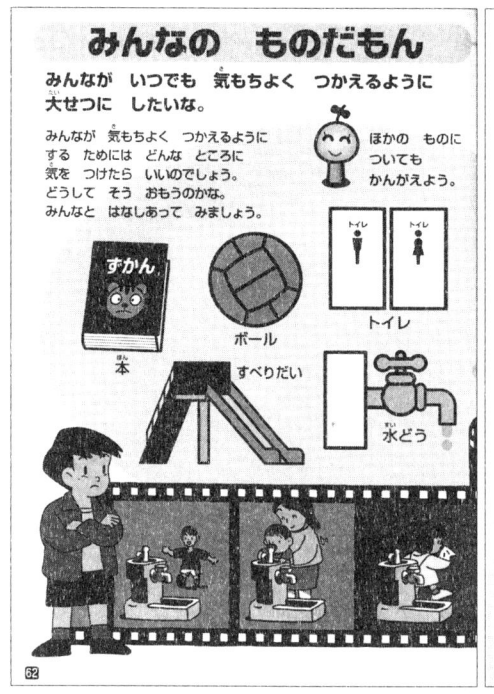

『「こころのノート」1・2年』62ページ

『「こころのノート」1・2年』64ページ

＊「みんなのものだもん」(62〜65ページ)

「みんながいつでも気もちよくつかえるように大せつにしたいな」(62ページ)と言っているのはいったい誰なのでしょう？　この「心のノート」の顔の見えない筆者たちは、勝手に子どもになりすまして声を発してしまう悪癖があります。まず教師が、これは子どもたちの言葉ではないということを認識することが必要です。

「みんなのもの」を誰かが勝手に使ったり、独り占めしたりすると他の人が迷惑するというのはそのとおりですが、そんな勝手な振る舞いをする大人たちが現実にはたくさんいます。子どもたちもそれは知っているはず。身勝手な大人の振るまいの例を、子どもたちに挙げさせると、ゾロゾロとたくさん出てくるかもしれません。

「きまり」について考えさせる部分（64〜65ページ）では、きまりが無

『「こころのノート」1・2年』66・67ページ

条件で外から与えられるものという前提で書かれています。「もしもきまりがなかったらどんなことがおこるんだろう」（64ページ）という視点もありえますが、子どもたち自身が本当に必要だと思える「きまり」を自分たちで作るという機会がほしいものです。

＊「かぞくが大すき」(66〜69ページ)

「あなたのことをせかいじゅうで一ばん大じにおもってくれているんだね」「あなたのためになることをいっしょうけんめいかんがえてくれているんだね」「大じな大すきなかぞくだもん。やくに立てるといい気ぶん」とたたみかけるように「かぞく」の大切さが説かれていますが、家庭環境が複雑な子どもにとっては空々しいだけのページです。66ページにあるように、お父さんとニコニコしながらお風呂に入ったなどとい

う経験のない子どももいることでしょうし、いつも小言をばかりを言われるのがお母さんという存在かもしれません。児童虐待も潜在的にたくさんあると言われますし、見かけは立派でも実は空洞化している家族というのは、案外多いものです。『活用のために・小』には「……それぞれの子どもに多様な家庭状況があることを踏まえるようにする」と留意点が書かれてありますが、その割には配慮のない誌面です。

　片親しかいない子ども、両親ともいない子ども、そういう子どももいることを、「同情」という気持ちではなく現実として捉えさせることが必要でしょう。その上で自分の家族の良いところと同時に、悪いところ、直してほしいところを考えさせて、それをしたためた作文を教師の責任で――「なんでこんなことを書くんだ！」と親に子どもが叱られないように――保護者に読んでもらうのはひとつの手かと思います。

＊「おせわになってます！」(70〜73ページ)

　学校のなかにはいろいろな人がいることに目を向けさせること自体はよいことでしょう。先生以外にも「きゅうしょくやようむやじむのせわをしてくれる人たち」（70ページ）がいて、そういった人たちに実際に会いにいってインタビューするというのも、子どもたちにとってはよい経験になると思います。

　ただし「おせわになってます！」などと、子どもの感想を先取りして代弁してはいけません。そう感じるかどうかは子どもたち次第ですし、「この人たちのおかげでまい日たのしくすごせるんだね」（70ページ）と思えるかどうかはわかりません。「給食がまずい」と思っている子どももいるでしょうし、用務員のおじさんが怖くて仕方がないと感じている子どももいるかもしれません。「先生とみんなでいっしょにあそびたいな！」とは思えない子どもがいてもおかしくありません。

　「学校の好きなところ」と同時に「学校の嫌いなところ」も書いても

『「こころのノート」1・2年』74・75ページ

らえば、教職員が学校のあり方改善を考えるよいきっかけになるでしょうし、それで目に見える改善があれば、子どもたちも自分たちで学校を変えていけるということを実感できるかもしれません。

＊「あなたがそだつまち」(74〜77ページ)

「あなたがそだつまち」について、「学校がある。こうえんがある。本やさんがある。……」などと、筆者たちのステレオタイプ的な思いこみによる描写が綴られています。実際には「びょういん」や「しょうてんがい」は遠くに行かねばないかもしれず、「しょうぼうしさん」など見たこともなく、「げん気のいいやおやさん」なんて過去の存在で、「ぼんおどりをおしえてくれるおばさん」なんて誰のことか見当もつかないかもしれないのに。「わかばが手をふってくれるはるのつう学ろ」「水しぶ

38

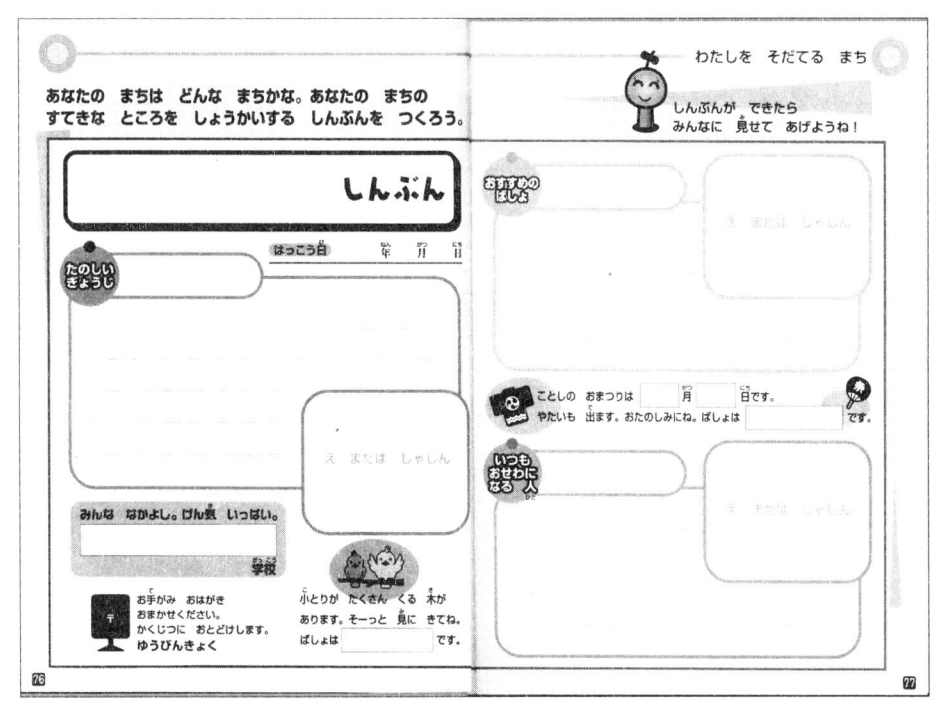

『「こころのノート」1・2年』76・77ページ

きがまぶしいまなつのプール」「あきのお気にいりはいちょうなみ木」「ふゆにはみんなでおもちつき」と、よくもまあこれだけ勝手に書けるものです。

　「あなたが大きくなることがあなたのまちのよろこび」で、「あなたのまちはあなたのことが大すき」と、「まち」にまで人格を与えて、そんな声を発しているはずだと子どもたちに強要するなんて変な話です。子どもが「自分はこの街が好き」と思うことはあっても、「この街は自分が好き」と思うことは、まずないのではないでしょうか。

　しかし、自分が暮らしている街に何があるかを探索させることは意味があると思います。一種のフィールドワークです。そのうえでその街を「しょうかいするしんぶん」（76ページ）を作るのも面白いでしょう。ただし、「すてきなところ」だけに注目させるのはおかしいですし、「たの

しいぎょうじ」「おすすめのばしょ」「いつもおせわになっている人」といった項目を勝手に立てたり、フォーマットをきっちり最初から決めてしまうのも問題ありです。76～77ページなど無視して、自由な形式で「しんぶん」を作らせたほうがよいでしょう。

＊「こころのアルバム」（78～79ページ）

　何を描いてもいいということですが、枠組みがしっかりとあるというのが気にくわないという子どももいるでしょう。何かを描かせるにしても、枠組みをはみ出して描いたって構わないわけです。教師の側がむしろ、子どもを枠にはめない配慮をすることが必要です。

＊「見ることもさわることもできない『こころ』……」（裏表紙の手前）

　4種類の「心のノート」のなかで、引用文以外で唯一「かわいはやお」という筆者の名前が明示されているのがこのページです。しかも「しんりがくしゃ」という肩書きまで付いて。「心のノート」を好きになるか嫌いになるかは子ども次第ですが、いずれにしてもこのノートを作った責任者が「かわいはやお」という人であることは、子どもたちにもはっきりさせておきたいものです。

　もちろん「これからもこのノートをずっと大じにもっていておもいだしたらいつでもひらいてみ」るかどうかは、子ども次第です。

『「こころのノート」1・2年』裏表紙の手前

II

「心のノート」
小学校3・4年

(表紙)

小学校中学年ともなれば、多くの子どもが年相応の自己主張をするようになります。大人があれこれ言わなくても、子どもはすでにそれなりに「わたし」というものを持っています。そんな子どもたちの「わたし」を、このノートに書かれた声たちはどんどん勝手に代弁し、子どもたち自身の「わたし」をほとんど尊重してくれません。いくら「よりよくなろうとする意欲がわく言葉」や「3・4年に分けて計画的に調べたり、長期的に振り返ったりする記入欄」（『活用のために・小』）があっても、子どもたちは、押しつけがましさや威圧感などを感じることでしょう。

　ただし、1年生からずっとこのノートに慣らされてきた子どもだったら、そんな違和感をかんじたりすることは少ないのかもしれません。しかし3・4年版では、自分の「心」を向かいあわせる心理主義が、よりいっそう露わになっています。1・2年版よりもより慎重な配慮が、教師や保護者たちに求められます。もちろん、気を遣わねばならないのは大人たちであって、子どもたちではありません。

　また「明るく元気な子どもであるべき」というイメージが、1・2年版よりさらに強調されています。「明るく元気」であることは良いことですが、「暗く元気がない」ことが悪いことではないということ、たとえば「物静かで大人しい」こともまた子どもの個性だということを、教師や保護者がしっかりと把握していることが必要です。

　＊「わたしにはある……」(表紙裏)
　表紙をめくると、いきなり「わたし」が書いた詩が登場します。その「わたし」は、「いまよりももっとよくなりたいという心」や「みんなのことを思いやるあたたかい心」、それに「どんなことにもくじけずにが

んばりたいという心」が自分には「ある」と主張します。そして勝手にそんな「わたしの心」を「たしかめてみたい」「のばしてみたい」と断言します。

　勝手に代弁されている「わたし」が自分のことではないことぐらい、子どもたちにも理解できることでしょう。この文章を書いた人はどんなことを考えてこの文章を書いたのか、それを小学校3年生や4年生の自分たちにどんなふうに読んでほしいと思って書いたのか、そしてなぜ「わたし」という一人称で書いているのかを考えさせてみてはどうでしょうか。ウラを読むような解釈がでてくるかもしれませんが、勝手に「わたし」を名乗られるいわれはないのですから、それも当然です。

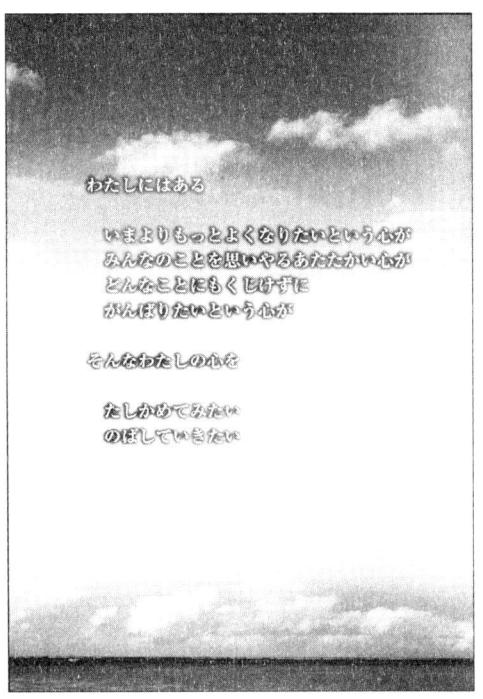

『「心のノート」3・4年』表紙裏

　小学校1・2年版をすでに経験した子どもならば、このノートがどんなものかは予想がつくでしょう。それをもとに名前を付けたければ──ただしどんな変な名前でもよしということで──付ければいいでしょう。「絵をかいたり写真をはったりしてあなただけの表紙を」というのも、子どもに委ねればいいことです。

＊「心のノートをひらいてみよう」(4〜5ページ)

　さまざまなときにこのノートを「そっとひらいてみよう」と呼びかけ、そうすれば「きっとあなたの心に語りかけてくれる」と主張しますが、

『「心のノート」3・4年』4・5ページ

　人間でもない単なるノートが「あなたの心に語りかけてくれる」なんてことはありえません。「あなたの心をささえはげまし育ててくれるこのノートはあなたの力強い友だち」と言われても、困ってしまう子どももいることでしょう。一方的に「友だち」だよと言われるのは迷惑というものです。

　「心のノート」を、それでも「友だち」と見なして「そっとひらいてみ」るのも子どもの自由。迷惑な存在としてそのあたりに放っておくのもまた自由です。

＊「そっと自分に聞いてみよう」（6～7ページ）

　「自分に聞いてみる」ことを、「そっと」であれ強要されるいわれはありません。「心の中で自分とおしゃべりしてみよう」（6ページ）とあり

ますが、これがいわゆる心理主義の現れです。子どもが自発的に、自分の心と対話をするような過程があるのは普通のことですが、それを外から強いることには大いに問題があります。

このページでは、「自分にきいてみ」た結果を書けというわけですから、これは自己紹介というものであり、具体的に誰に向けて書くのかということが決定的に重要です。そこをはっきりさせないまま「自分」をさらけ出させる——いわゆる自己開示ですが——というのは、あまりに乱暴で、それこそ子どもの「心」を尊重するやりかたではありません。もし具体的に書かせるならば、やはり「先生に教えて」といったように、具体的な相手を設定すべきです。

『「心のノート」3・4年』6ページ

なお、4〜7ページに「そっと」という言葉が4回も繰り返し登場します。「そっと」と言いながら、ひどくうっとうしい。「そっと」という言葉も繰り返せば意味が逆転してしまうことを、子どもたちと考えるのもひとつの手です。

＊「ふみ出そうひとり立ちへのたしかな歩み」(12〜15ページ)

いきなり「いろいろなことが自分で考えてできるようになったね」とありますが、そんなこと先取りして勝手に代弁してほしくないと子どもは感じることでしょう。「朝ごはんをきちんと食べ」ろと言われても親

『「心のノート」3・4年』12ページ　　　　　『「心のノート」3・4年』15ページ

　は朝ご飯をろくに作ってくれないかもしれませんし、家では「よ習やふく習をする」ような環境にないかもしれません。「たくさんの友だちと遊」べと言われても、一緒に遊びたいと思える仲の良い友だちはそんなにたくさんいなくても普通のことです。「ほかにどんなことがありますか」と問うて書かせる前に、すでに項目として挙がっている事柄について実際どうなのか、子どもの言葉に真摯に耳を傾ける必要がありそうです。

　14ページでは「あこがれのスポーツ選手に学ぼう」と題して、日の丸を掲げるマラソンの高橋尚子選手が登場します。「心のノート」に初めて「国家」が顔を覗かせるのがこのページ。日の丸の歴史を教えるにはまだ早いのかもしれませんが、なぜ彼女が日の丸を掲げているのかを、率直に子どもに問うてみてもいいかもしれません。戦前に日の丸を付け

「心のノート」小学校3・4年

て走らざるを得なかった朝鮮人選手もいたということを、子どもにも伝えたいものです。

「自分がもっとかがやくために」(15ページ)、「自分なりに気をつけたいことを書きましょう」というのは、「気をつけたいこと」があれば書けばいいのです。「続けましょう。そうすれば、そのことが自然に身につきます」なんてほとんど嘘なのですし、「気をつけたいこと」がなければ別に何も書かなくてもいいのです。

〔注〕1936年、ベルリン・オリンピックで、1位になったのは孫基禎(ソンギジョン)、3位は南昇竜(ナムスンリョン)。2人とも朝鮮人で、当時の朝鮮は、日本の統治下にあり、2人は日本の選手として、「日の丸」を胸に走った。当時、朝鮮の新聞、『東亜日報』は孫選手の写真の胸の「日の丸」をけずりとって報道した。

＊「よく考えることがあなたをもっとのばす」(16〜19ページ)

「よく考えること」とはどういうことか、16ページには「今までの、失敗したり成功したりしたけいけんを思い出してみること」「相手の気持ちを考えること」「人の話をよく聞くこと」などと説明されています。確かにそのとおりでしょう。中国や韓国の反発など気にかけもせず、「初詣は日本の伝統」などとしゃあしゃあと言って靖国神社に参拝を繰り返す小泉首相にぜひ見せて「よく考え」てもらいたいページです。子どもたちに、自分が知っている大人たちが「よく考え」て行動しているかどうかを評価させてみるのが、ひとつのやり方でしょう。

「あやまちを『たから』としよう……」(18〜19ページ)には、サッカーボールで植木鉢を割ってしまった男の子がおじさんに怒られている絵が出てきます。私にも似たような経験がありますが、そのときは逃げて知らんぷりをしたような記憶が……。でも逃げてしまったなという苦い経験として、私のなかでは生きている気がします。「あやまち」をその場で認めなかったことから学ぶことだってあるのです。

「失敗は成功のもと」(19ページ)という諺が紹介されていますが、「怪

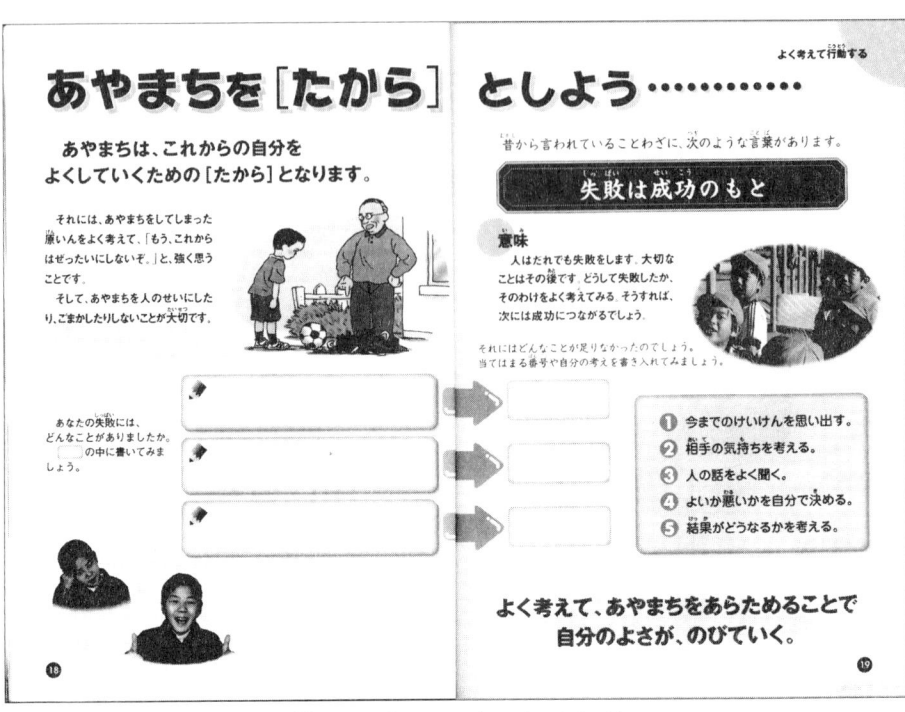

『「心のノート」3・4年』18・19ページ

我の功名」(失敗したと思ったことや、何気なくしたことが、そのまま思いがけないよい結果を生むこと)ということだってあります。「失敗」して「そのわけをよく考えてみる」ことをしなくても、上手くいってしまうことだってあるわけです。「失敗は成功のもと」もいいですが、「失敗」に常に学べと子どもに迫る必要はありません。

＊「『今よりよくなりたい』という心をもとう」(20～23ページ)

どうもこの「心のノート」の筆者たちは、子どもたちにがんばることを強要したくて仕方がないようです。子どもたちが目標を持てるのは、「あんな人になってみたい」とか「こんなことを実現させる人になりたい」とか、そんな魅力のある大人に出会うことがひとつのきっかけです。そんな魅力的な大人が減っているという指摘がありますが、そんな状況

『「心のノート」3・4年』20・21ページ

で「目標を持て」と言っても難しいかもしれません。

　21ページに描かれているような「目標」に向けた階段を登ることに価値はあったとしても、常にそんなふうに「ガンバレ！」と言われて私たちは階段を登り続けることなどできません。そんなことは、子どもより人生経験のある大人なら、自身がよく知っているはずのことです。

　それゆえにか「心のノート」の顔の見えない筆者たちは、「続けようと思ってもなかなかむずかしいね」（22ページ）と一定の理解をしてみせ、「はっきりと、わかりやすい目標を決めよう」などとアドバイスを送ります。でも「『三日ぼうずにはならないぞ』と自分に言い聞かせ」れば続けられるというなら世話ないですし、「はじめは好きではなくても、やっているうちに好きになる」どころか、やればやるほど「嫌いになる」こともあります。

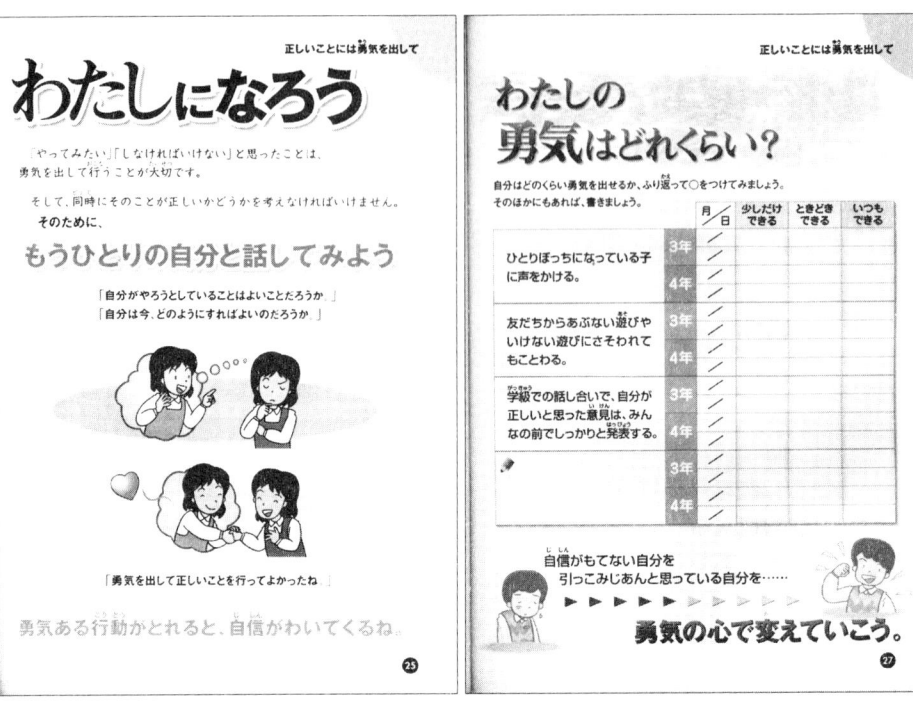

『「心のノート」3・4年』25ページ　　　　　『「心のノート」3・4年』27ページ

　15日間続けられたら「金メダル」（23ページ）と子どもを励ますのもひとつの手ですが——子どもはやはり褒められれば喜ぶものですが——、それぞれの実状を考慮して、子どもを追いつめないことです。

＊「勇気を出せるわたしになろう」（24〜27ページ）
　ここでまた「もうひとりの自分と話してみよう」（25ページ）という心理主義が露骨に顔を覗かせます。そんなことは子ども自身に委ねましょう。「もう一人の自分と話してみなさい」などと、他者に強制されるのは変な話です。
　「私の勇気はどれくらい？」（27ページ）というタイトルで、たとえば「ひとりぼっちになっている子に声をかける」などの項目の選択肢は「少しだけできる」「ときどきできる」「いつもできる」しかなく、「でき

『「心のノート」3・4年』29ページ　　　　　『「心のノート」3・4年』30ページ

ない」という選択肢はありません。「まったくできない」という子ども
は、記入する資格もないということでしょうか？　それに「ひとりぼっ
ちになっている子」は、声をかけてほしくないときだってあるのです。
声をかけることが常に「勇気」のあることではありません。

＊「自分に正直になれば、心はとても軽くなる」(28〜31ページ)
　ここでは「正直に生きることが、自分の心を明るく」するという観点
から、「正直に言おうとする心」と「正直に言えない心」がそれぞれ綱
引きする葛藤場面が提示され、いずれかが勝つか負けるかという構図が
描かれます。「正直に言ったら親に怒られて落ちこんだ」ということだっ
て現実にはあるにもかかわらず。

　「自分のなかにある正直な心をおおいかくしていく言葉」として「(知っ

ても）知らないよ」とか、「（していても）わたしだけじゃないよ」とか、「（関係あるのに）わたしには関係ないよ」とかが挙げられていますが（30ページ）、これらはまさに、不正をはたらいた政治家などがよく漏らす言葉です。

「正直な人をさがそう」（31ページ）というのも面倒な話ですが、それをやるなら「不正直な人もさがそう」というのもぜひセットでやってみることをお勧めします。そこに先生自身が挙げられても、子どもが「正直」にそう書いたのであれば、教師はけっして怒ってはいけません。

＊「礼ぎ──形を大切にして心をかよわせ合う」(34〜37ページ)
「礼ぎ」が一般に大切だということに異論はありません。「親しき中にも礼儀あり」とも言います。しかし大事なのは「形」なのでしょうか。「慇懃無礼」（うわべは丁寧だが、実は相手を見下すこと）ということもあります。礼儀正しくしたいというのは、そういう気持ちがあって自然とそうなることであって、「形」が先にあるわけではないはずです。

ここでは「あいさつ」が取り上げられていますが、「あいさつ運動」(37ページ)を徹底している学校を訪れたある新聞記者が、生徒たちがみなペコペコと「形」だけのあいさつをする異様さについて書いていました。「あいさつ」は、とにかくすればいいというものではありません。

まだ小学校中学年の子どもたちとはいえ、ひとつの人格を持った人間です。言葉遣いの極端に荒い教師もいるようですが、教師自身が何より礼儀を持って子どもたちに接することが第一です。

＊「思いやりの心をさがそう」(38〜41ページ)
「こまっている人がいたら、助けたいと思う心」「悲しんでいる人がいたら、気づかおうとする心」「喜んでいる人がいたら、いっしょに喜びたくなる心」が取り上げられ、それらが「わたしの心の中にもあります」

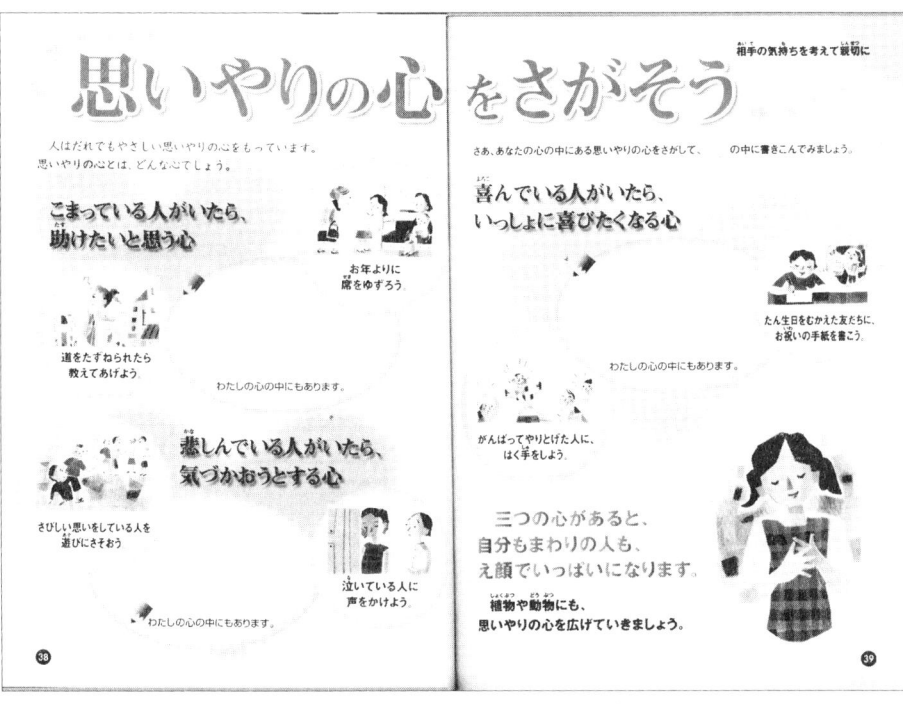

『「心のノート」3・4年』38・39ページ

と、またここでも「わたし」が勝手に代弁されてしまっています(38〜39ページ)。このノートの筆者たちが、いかに子どもたちに対する「思いやりの心」に欠けているかが窺えます。それに、そもそも「思いやりの心」はどこかにころがっていて、「さがそう」としたりするものなのでしょうか。

　40〜41ページにまた書き込みをする欄がいくつも出てきますが、このあたりから記入欄が小さすぎでいかにも窮屈だと子どもたちも感じることでしょう。書かせるとしても、もっと子どもたちが書きたいと思うことを書きたいだけ書けるという状況を作ってやることが重要です。「大人が望む答えを推測して書く」ような状況にしないことへの配慮をくれぐれも怠りなく。

＊「ひとりじゃないからがんばれる」(42～45ページ)

　「友だち」の大切さや素晴らしさということも、このノートに繰り返し出てきますが、子どもたちは自然と人間関係を築いていく力を本来的に持っているのに、ひどくお節介だという印象を免れません。

　「友だちづくりのひけつを漢字から学ぼう」(43ページ) もいいですが、「信」「助」「友」といった漢字を調べさせるなら、「疑」「捨」「敵」といった漢字も調べさせてみるべきでしょう。「信じ合い、助け合う友だち」(44ページ) が、ある日突然、自分を「疑」い、見「捨」て、「敵」となる可能性だってあるのですし。

　「友だちのよいところを見つけよう」(45ページ) とありますが、本当に良き友だちの「よいところ」など、わざわざ「見つけよう」としなくてもわかっているはず。同時にその友だちの「わるいところ」にも目を向け、そこをちゃんと相手にも言えることが「真の友情」なのかもしれません。そんな友だちは、一生かけて見つけられればよいのかもしれず、小学生のうちから「もっとたくさんの友だちをつくる」(42ページ) なんて必要ないのかもしれません。

＊「みんなにささえられているわたし」(46～49ページ)

　「わたし」が「みんなにささえられ」、また「人をささえることができる人になろう」というメッセージは、私たちが人と人との間に生きる「人間」であるということの意味を考える上では大事なことだと思います。ただし、「今のくらしをつくってくれたお年よりたち」が、すべて良いものを作ってきてくれたわけではありません。とくに戦後の日本の復興を支えてきた世代の人たち——ＮＨＫの人気番組「プロジェクトＸ」を思い出します——の働きには、敬意を表すべき側面もあれば、明らかに負の側面もあるわけです。それが証拠に、今の日本社会は「永続可能なシステム」になっているとはおよそ言えません。

「心のノート」小学校3・4年

「お年より」たちが作ってきたものを探し出し、その良いところと同時に悪いところについても話しあうことが望ましいと思います。それでこそ未来展望が拓けるというものです。

＊「植物も動物もともに生きている」(52～55ページ)

ここでは「3年生のとし子さんの作文」が登場します。この「とし子さん」が実在の人物なのかどうかは明かされません（『活用のために・小』でも、そのことは触れられていません）。「きくを育てる」ことがテーマですが、「きくにそっと話しかけてみました」「ティッシュペーパーで、そっとほうたいをしました」と、ここでも「そっと」が2回も出てきます。これが筆者たちの創作でないとしても、それを選んだ筆者たちはよほど「そっと」という言葉が好きなのだろうな――もし筆者たちの創作ならばなおさらのこと――ということが窺えます。この柔らかい言葉に魔術のような力を見いだしているのかもしれませんが、繰り返されると先述のとおり、単にうっとうしいだけです（45ページ参照）。

「人びとは、植物や動物といっしょに生きてきた」(54ページ)と言いながら、近代の日本は環境を破壊し続け、動植物をずいぶんないがしろにしてきました。54ページの写真を眺めながら、一方で日本の環境破壊の歴史について子どもに考えさせることもできるでしょう。そうしてこそ、動植物と共生することの大切さに目が向くというものです。

＊「生きているってどんなこと」(56～59ページ)

ここでは「生きているってすばらしいな」と感じるのは、どんなときですか」(57ページ)を書かせる欄がありますが、こんな大きなテーマであるにもかかわらず欄があまりに小さい。こんな狭いところに「生きているってすばらしいな」を閉じこめてはいけません。

そもそも「生きているってすばらしい」などと感じたことがない子ど

『「心のノート」3・4年』56・57ページ

ももいるかもしれません。「自分なんてこの世にいないほうがいいんだ……」と思っている子どもだっているのかもしれません。そんな子どもに言葉で「生きているってすばらしい」と言っても、何も響くところがないでしょう。

「かけがえのないいのち」というのは正しくても、「みんな」がすべて「助け合って生きている」わけでも「一生けんめい生きている」わけでもありません。こういうあからさまな嘘を教えてはいけないでしょう。年間約3万人もの自殺者が出るのが、日本社会の現実です。自ら死を選ぶというのはどういうことか、そんなテーマはまだ小学校3・4年生の子どもには重すぎるかもしれませんが、そういうテーマを真剣に考えさせてみることも大事だと思います。

＊「自然の美しさにふれて」(60〜63ページ)

　ここでは「自然」や「人の心」の「美しさ」がテーマとなっていますが、相変わらず「美しさ」ばかりに焦点が当てられ、その反面の「汚さ」や「醜さ」からは目を背けるように仕向けられます。そのためその内容に、薄っぺらさを敏感に感じ取る子どももいることでしょう。

　62ページに宮崎駿監督のアニメ映画『千と千尋の神隠し』に対する「児童作文」が紹介されています。これまた本当に子どもが書いたのかどうか疑わしいわけですが、「千のおかげで、みんながきれいな心になっていきます」というのは、あの映画を的確に捉えた感想と言えるのでしょうか。映画では、湯婆婆という強欲な魔女に「千尋」という名前を奪われ働く主人公「千」が、善悪入り交じる世界を生き抜く力を得ていく様が描かれます。「千」が、その湯婆婆の心さえも揺り動かすわけですが、彼女の心までも「きれいな心になっ」たと言えるのか、邪悪な心がグラリと揺らいだというところあたりが妥当な解釈かもしれません。しかしそこにこそ、かえって人間らしさを感じるのではないでしょうか。

　もちろんここにあるような感想もありうることでしょう。しかしあの映画で「美しい心」だけが取り上げられるのは、いかにも一面的です。もし映画をいっしょに観て子どもと話し合いができるなら、もっと多様

『「心のノート」3・4年』62ページ

な感想が出てくるのでは。

※「やくそくやきまりを守るから仲よく生活できる」(66～69ページ)

「わたしたちの生活には、たくさんのやくそくやきまりがあります。なぜでしょう」と問いかけ、すかさず「それはみんなで仲よく生活するためです」と答える（66ページ）。間違っているとまでは言いませんが、社会や集団の「やくそくやきまり」が「仲よく生活するため」にあるというのは、あまりに恣意的です。

「あなたのまわりを見ると、やくそくやきまりが守られていて、気持ちが良いなと思えることがたくさんあるはず」（68ページ）と言いますが、「やくそくやきまりが守られてなくて、気持ち良くないと思えること」のほうが現実には多いのかもしれません。このページを取り上げれば、子どもたちは自ずとそんなことにも目を向けることでしょう。

そもそも「やくそくやきまり」は誰が決め誰が作るものなのか、つねに上から降りてくるものではないはず。「おかしなきまりは改めて、自分たちできまりを作りなおす」という視点も必要です。

※「みんなのために流すあせはとても美しい」(70～73ページ)

ここでは「学級の役に立つこと」（72ページ）や「家族の役に立つこと」（73ページ）など、「○○の役に立つこと」の大切さが説かれます。親もしばしば子どもに「社会の役に立つような人に」とか、「人様のお役に立てるように」とかいった要望を子どもに語るものです。しかし世の大人たちが、そんなに何かに「役に立つ」仕事ばかりしているとは限りません。それ自体が目的になったときに、本来するべき事柄が形骸化して見えなくなる可能性もあります。

さまざま考え方がありうるでしょうが、何かをやった結果「○○の役に立つ」ことになったということもあるでしょう。常に「役に立つ」こ

『「心のノート」3・4年』74・75ページ

とが目的だと子どもに教える必要はありません。

ところで「あせ」でさえとにかく「美しい」と感じさせようというセンスはどうなのでしょうか。汗を流しながら働いている人を見て感激することはもちろんありますが、他人の汗は——私は学生時代にラグビーをやっていたのでよくわかるのですが——そもそも臭いものです。

※「わたしの成長を温かく見守り続けてくれる人……家族」(74〜77ページ)

両親のみならず祖父母や兄弟姉妹も揃って仲よくやれている家族が大前提となっているページですが、そうではない家族を持った子どもや、家族とは離れて施設などで暮らしている子どもなどに対する配慮が感じられません。『活用のために・小』には、「家族構成や家庭の事情等は子どもによって様々であることに配慮しつつ、子どもの成長を願う家族の

思いは変わらないことを押さえるようにしたい」とありますが、自分の「成長を願う」「思い」を抱いている家族ばかりではないことは、子ども自身が一番知っているはずです。

取り上げるなら、かなりの配慮が必要です。

＊「学校はどんなところ？」(78～81ページ)

「学校はどんなところ？」との問いかけに、「自分をのばしていくところ」「思い出をたくさんつくるところ」「友だちと学び、遊ぶところ」「先生から学ぶところ」「たくさんの人が見守ってくれるところ」と５つの答えがすでに用意されてしまっています。子どもたちにとって学校は、ときに「行きたくないところ」「つまらないところ」「いじめられるところ」にもなっているはずです。そういう反応が子どもからあっても、それを受けとめられるだけの度量が教師の側に必要です。

80ページでは「わたしの先生」について「好きなところや、楽しいところを書いてみましょう」というのですが、優等生的な例文が提示されていて、ひどく誘導尋問的になってしまっています。「好きなところや楽しいところ」だけを書くように求められ、「嫌いなところはつまらないところ」は暗黙のうちに書くことが禁止されています。「先生のえ顔」まで描くように指示がされていますが、先生に媚びることを教えてはいけません。描いてもらうなら、たとえば「授業中の先生の顔」でもテー

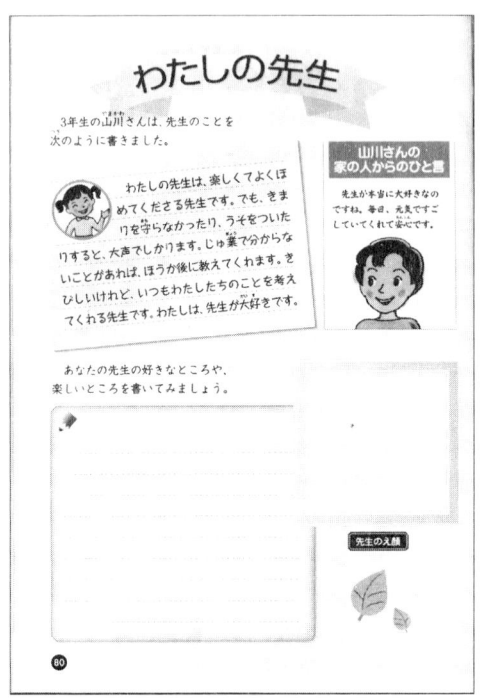

『「心のノート」３・４年』80ページ

マにしては。怒った顔やしかめっ面が描かれたりして、教師にとってはよいフィードバックになるでしょう。

✻「わたしたちの心を育ててくれるふるさと」(82〜85ページ)

　親が転勤族であったりして、「今、住んでいるところがふるさと」とは感じない子どももいます。「一生」にわたって「あなたをはげまし続けてくれ」るような「ふるさと」がある人は幸せというものでしょうけど、そんな「ふるさと」などない人もたくさんいます。

　そもそも「ふるさと」というのは、自分が大人になってそこを離れて初めて感じられるものかもしれません。「ふるさとは遠くにありて想うもの」でしょう。

　学校のまわりを探索させることなどには、子どもたちも興味を示すでしょうし、さまざまな発見があることだろうと思います。その課題はよいものでも、「ふるさと」という言葉を使う必要はなさそうです。いつかここが子どもたちにとっての「ふるさと」になるかもしれないということを話し、「先生にとってのふるさと」を語って聞かせるのは面白いかもしれませんが。

✻「わたしたちの国の文化に親しもう」(86〜89ページ)

　「愛国心」に関する記述が最初に出てくるページです。このノートの筆者たちは、「わたしたちの国」がそのまま「日本」とは思えない子ども（たとえば在日コリアンなど外国籍の子ども）が相当数いるということには、まったく注意を払いません。「思いやりの心」などをさんざん説いてきているにもかかわらず、何という自己矛盾でしょうか。

　多くの子どもたちも「わたしたちの国＝日本」と単純に捉えるかもしれません。日本の学校で学ぶ子どものすべてが「日本人」というわけではないことは、ぜひとも子どもたちに教えたいところです。

『「心のノート」3・4年』86・87ページ

　「日本の文化」として紹介されている「和服」「和食」「和室」、それに「盆」や「七五三」といった年中行事も、地域によって大きな差があるはずです。アイヌ民族の文化や沖縄の文化などにも触れたい——もちろん後者は沖縄県以外のところで——ものです。

　「自然とともに生きようとする心」や「他の人と力を合わせようとする心」が「わが国の文化をささえてきた心」（88ページ）——ここで初めて「わが国」という表現が登場します——であるとするのも、かなり強引でしょう。それはなにも「わが国」に限ったことではないでしょうし、それとは食い違う心も、過去の日本人が持っていなかったという保証はどこにもありません。

　「外国ではどうでしょう」（89ページ）と日本以外に目を向けさせることはよいと思いますが、「それぞれ国の文化」と言ってしまうと、文化

『「心のノート」3・4年』88・89ページ

は国ごとに異なるものが存在するという位置づけがなされてしまいます。日本にも多様な文化があるように、諸外国にもさまざまな民族の人がいたりして、国のなかでもまた文化は多様です。その際、近隣諸国（中国・台湾・北朝鮮・韓国・ロシア）のことは少なくとも取りあげるのが望ましい──このページには「中国料理」しか取りあげられていませんが──と思います。

＊「季節を感じる心をみがこう！」(90～91ページ)

五感を使って四季それぞれの発見を記録させようというわけですが、こんな狭い欄にとても収まらないものを発見する力を子どもたちは持っています。どうせならもっと大きな表を用意すべきでしょう。四季に加えて「梅雨」を加えて「五季」としてもいいかもしれませんし、またこ

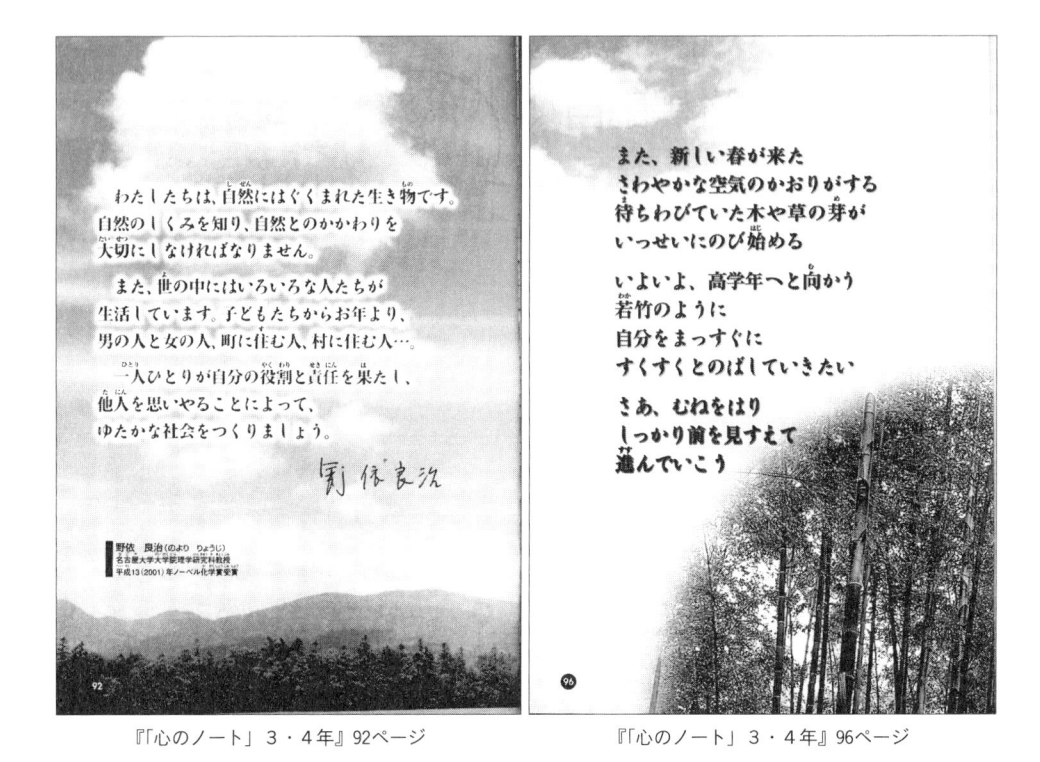

『「心のノート」3・4年』92ページ　　　　　　　　　『「心のノート」3・4年』96ページ

こで旧暦の意味と位置づけを教えるのも面白いと思います。

＊「心に残したい言葉」「自由黒板」(92〜95ページ)
　ノーベル賞学者の言葉を読みたければ読んでもいいし、「心に残したい言葉」を書きたければ書けばいい。「自由黒板」もまたしかり。それだけのことです。

＊「また、新しい春が来た……」(96ページ)
　例によって顔の見えない匿名の筆者。これを書いたのはどんな人物なのか、何を意図してこれをここに載せたのか、推測させてみると子どもらしい反応がいろいろと返ってくることでしょう。

Ⅲ

「心のノート」
小学校5・6年

(表紙)

このノートも、小学校5・6年版になると、それまでどうにかオブラートに包んで隠してきた筆者たちの"地金"が、はっきりと見えてしまうようになります。早熟な子どもならもう思春期と言ってもいい子どもたちに向けて、相変わらずソフトに見えながらも、どう見てもひどく説教臭い言葉が並べられています。いきなりこれを見たら、違和感をかんじる子どもが相当数いると思いますが、低学年の時代からこのノートに慣れ親しんできたならば、そうはならないかもしれません。そこにこそ、教師や保護者が注意を払ってやる必要があると思います。

　「心」という言葉がやたらとたくさん登場し始めます。そんなに「心」が強調されたのでは、子どもたちはのびのびすることもできません。学校や社会の側の問題かもしれないことを、子どもたちの「心」に押し込めてはいけません。

　『活用のために・小』には「発達段階に即し、子どもの本心を引き出し、批判的な見方を揺さぶるような投げかけ」がこの版の特徴とされています。「批判的な見方を揺さぶるような」というのはわかりにくい表現で、「批判的な見方も適切にできるように」と言いたいのだろうと推察するのですが、読み方によっては「批判的な見方」を「揺さぶ」り封じ込めるというようにも読めます。実はこのノートのねらいとしては、むしろその後者のほうにあるでしょう。

　もちろんそうならないように、何かを適切に批判する力こそを、いわゆる批判精神をも、子どもたちとともに育んでいきたいものです。

＊「君たち。君たちはつねに晴れあがった空のように……」(表紙裏)

　小学校高学年ともなると、司馬遼太郎の作品を読んでみようという子どもが出てくるのかもしれません。それに呼応するように、ちょっと自

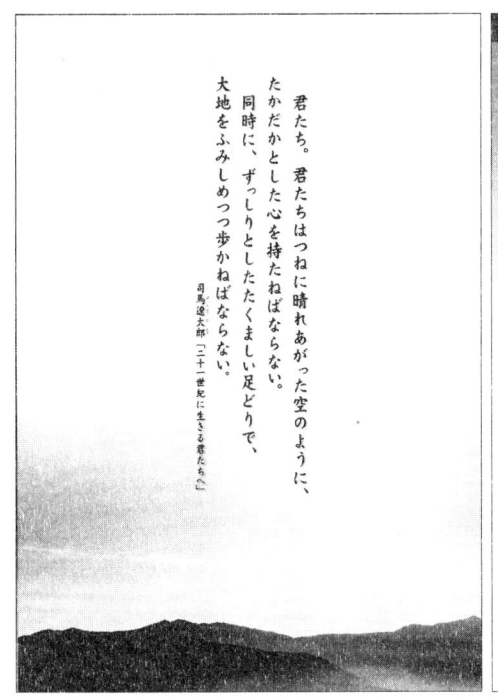

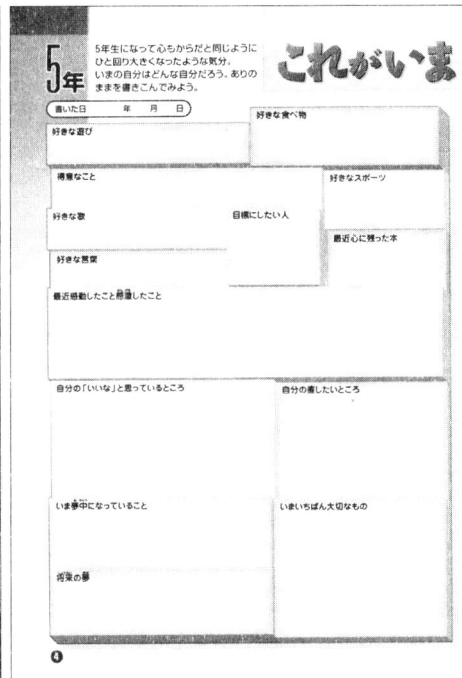

『「心のノート」5・6年』表紙裏　　　　　『「心のノート」5・6年』4ページ

　分が大人に近づいた気分を感じさせてくれるような「君たち」で始まる言葉で繰り返される司馬遼太郎の文章が紹介されています。おそらくこのノートの筆者の意図通りに、好奇心をくすぐられる子どもがいるかもしれません。

　でも一方でまだまだ幼さが残る5年生や6年生もいます。「司馬遼太郎って誰？」という子どものほうが多いでしょう。説教臭いこの言葉を受け入れない子どもがいても、またおかしくありません。

　「このノートはあなたの心の自由帳。自分だけの名前をつけましょう。そしてこの表紙を自分らしくつくってみましょう」と指示が出されていますが、どうするかは例によって子どもの自由にさせればよいことです。

67

＊「これがいまのわたし」(4～5ページ)

 5・6年版でも、誰かわからない相手に対する自己紹介が強要されています。「いまの自分はどんな人間だろう。ありのままを書き込んでみよう」というのが誰の要請なのかをはっきりさせることがやはり必要です。この欄を活用するなら、「先生」でも「隣に座っているクラスメート」でもいいですが、具体的な相手に対して書かせることです。

 それにしても「好きな遊び」「好きな食べ物」「得意なこと」「好きなスポーツ」など、書くべき項目が初めから決まっているのはどうかと思いますし、「嫌いな遊び」「嫌いな食べ物」なども書けるように配慮すべきでしょう。それにこの欄の大きさがまちまちですが、勝手に枠組みの大きさを決めないでほしいものです。枠も含めて子どもたちに創造させてはどうでしょうか。枠にはめられた「わたし」など、窮屈なだけです。

＊「自分の一日は自分でつくる」(10～13ページ)

 「『ああしなさい、こうしなさい』と言われる前に考えてみよう、大事なこと」(11ページ)といいながら、「よく食べる」「よく動く」「よく眠る」「安全に過ごす」「整理整とん」「よく学ぶ」と項目があらかじめしっかりと用意されて、それぞれ「毎日三食バランスよくしっかり食べる」とか「夜ふかしなんて自まんにならない。夜は早くねて朝はスッキリ」とか、「ああしなさい、こうしなさい」という指示がたくさん並べられています(10～11ページ)。子どもたちの自主性など、かけらも信用していないような自己矛盾の記述です。

 12～13ページの書き込み欄も、やたらと指示が細かい。「わたしの「いきいき計画」」と称して、「あらためたいこと」「～日後の自分」「～月後の自分」「…その後の自分」の日付を記入しつつ、どのくらいできたかを色塗りをしながら書くようになっています。こんなのを几帳面に書いているうちに「いきいき」したいという気持ちも萎えてしまうこと

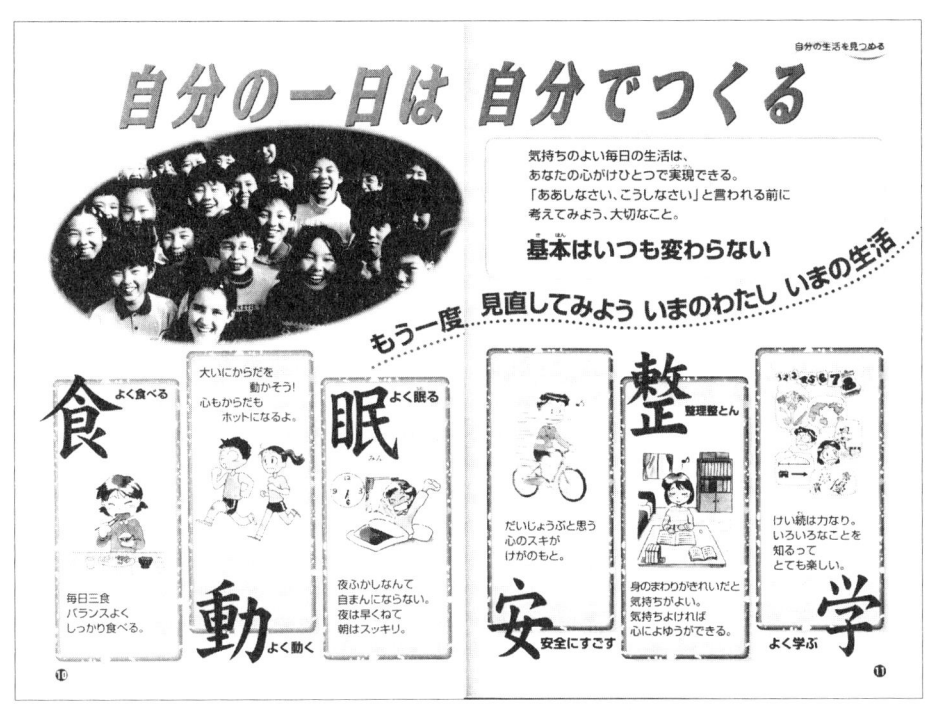

『「心のノート」5・6年』10・11ページ

でしょう。

　とはいえ自律的な生活がそろそろできていってもいい年齢ではあります。教師は「『ああしなさい、こうしなさい』と言われる前に」と一度言ったならば、あとはもう「ああしなさい、こうしなさい」とは言わないようにすべきです。「自分はもう幼い子どもとは違う」と本気で思えたときに、子どもの本当の自律心（自立心）が生まれてくるのです。

＊「夢に届くまでのステップがある」(14〜17ページ)

　ここでは「夢」がテーマとなっています。夢が語れるような子どもであってほしいと私も思います。でもそうした夢を子どもたちが語れるような社会を大人たちは作っているのでしょうか。本当はまず、そのことが問われなければなりません。

『「心のノート」5・6年』16・17ページ

　例として出てくる野球のイチロー選手は、たしかに素晴らしい。でも彼は、やはり例外中の例外であって、また一種の天才とでもいうべき存在であって、子どもたちの憧れの対象にはなっても、目標とするにはあまりに距離がありすぎです。

　「目標に向かう道にはいろいろなことがある」（16〜17ページ）が山登りに例えられますが、目標に向かって山をどんどん登っていくだけでは、もともといたはずの里の風景を見失ってしまいます。「あきらめの谷」や「あきらめの坂」を降りてしまったらおしまいというようなことを連想させるのはどうなのでしょうか。つつましく里や谷で生きるのも、ひとつの生き方ではありませんか。

　常に上昇志向で生きられる人などごくわずかに過ぎません。おおかたの大人は、上昇志向をどこかで持ちつつも、現実との妥協とほどほどの

『「心のノート」5・6年』20・21ページ

諦めのなかで生きているのではないでしょうか。それでも抱いているささやかな夢を教師自身が語れるなら、それこそが子どもたちに響くのかもしれません。

＊「自由ってなんだろう」（18〜21ページ）

「自由は『自分勝手』とはちがう」のは正論でしょうけど、「自由」について考えさせるページで、まずその「自由」に枠をはめようと先手を打つその言葉に、ひどく「不自由」な臭いが感じられます。一方「自由は『楽ができる』ということでもない」とし、「あたなたがもし毎日のくらしの中で『考えるのがめんどうだ』……と、思っていたならそれは自分で考え、判断し、行動できるという自由を大事にしていないということです」と、さらに説教臭い言葉が並べられています。まるで子ども

たちに「自分で考え、判断し、行動」することを禁じているかのような口ぶりです。そして例によってこの声の主（筆者）が誰なのかは明らかにされません。

さらに追い打ちをかけるように、自由には「責任」が伴うことを指摘し、「自分に対する責任」と「人に対する責任」が示されます。ますますもって「自由」は窒息し、今にも息絶えそうです。こんなに次々と言葉をたたみかけられることで、子どもたちは、いまだに子ども扱いされているということを暗に感じとることでしょう。

自由に実は制約があることぐらい、またそこに責任が伴うことぐらい、子どもたちはさまざまな場面で知っています。それを子どもが本当に「自分で考え」体現していけるかどうかの鍵は、大人から自分が信頼されていると思える実感です。

あまりに不自由なこのページは、ほとんど使えそうにありません。

＊「まじめであることはわたしのほこり」(22〜25ページ)

「まじめ」であることの反対は「ふまじめ」「いい加減」……。「いい加減」はときに「好い加減」ともなり、私たちの心に遊びの部分を作ってくれます。まじめ一本槍というのでは遊びがないということでもあります。「心のノート」でも「そとであそぼう」（１・２年版50〜51ページ）などと説いているのに、この筆者たちは「遊ぶのもまじめに」とでも言うつもりなのでしょうか。

24ページでは「自分の心の中にある誠実でまじめな気持ちをおさえこもうとするときに生まれる」のを「ずるさ」とし、それは「自分の心を暗くしてしまう」と主張して、「ずるさ」をすっかり捨て去るように勧告します。「ずるさ」と「ふまじめ」「いい加減」はちょっと違いますが、それもまた誰しもが持っているものであって、ほどほどの折り合いがつけられればそれでよいのです。

『「心のノート」5・6年』24・25ページ

　もちろん教師としては「ふまじめ」「いい加減」「ずるい」で良いとは立場上言えない――「ほどほどにしておけよ」といった言い方はできるとしても――でしょう。でも大人にそういう部分があるのに、子どもにそれを捨てろと言うのは、「まじめ」で「誠実」な態度とは言えません。

　「自分の心をそっとのぞいてみよう」（25ページ）という心理主義には、当然警戒が必要です。

＊「好奇心が出発点」(26〜29ページ)

　ここだけ筆者が違うのではないかと思えるほど、そのまま子どもに示しても問題ないと思われる数少ないページです。「身近にある『便利』なこと」を小さな欄に書かせる必要はないと思いますが、子どもの好奇心や探求心は本当に大事にしたいもの。「そんなの調べても意味がない」

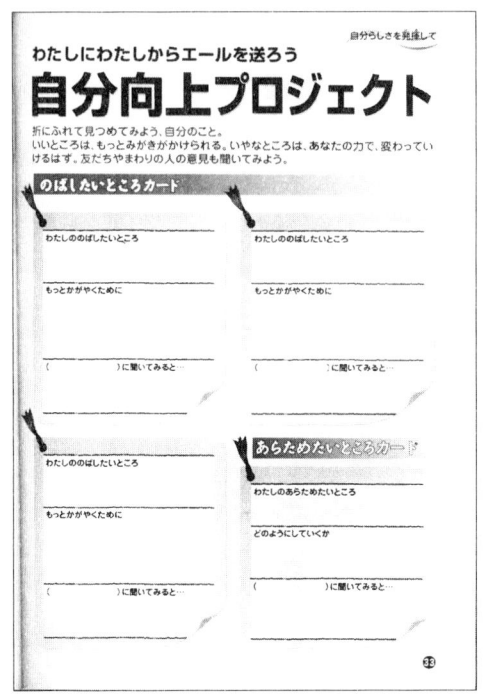

『「心のノート」5・6年』33ページ

と、勝手に大人の基準で切らないことです。

＊「自分を見つけみがきをかけよう」(30〜33ページ)

小学校高学年ともなれば「自分とは何者か」という自己の問題を考え始めます。いわゆるアイデンティティーが、そろそろ問題になっていく年齢です。「こんな自分って『いいな』」(30ページ) と「こんな自分を『変えたいな』」(32ページ) と両方を視野に入れつつ、むしろ長所に目を向けさせることはあってもいいのかもしれません。

でも「自分向上プロジェクト」(33ページ) というように「プロジェクト」にしてまで「自分向上」を図らせるのは考えものです。マインドコントロールの技法を使っていると言われる自己啓発セミナーを連想させます。「自分」は常に「向上」させねばならないものではありません。そっとそのままにしておけば、知らないうちに「向上」していたりするものです。

「わたしにわたしからエールを送ろう」(33ページ) もいいですが、まわりの大人が子どもたちに常日頃からささやかにエールを送れるようでありたいものです。

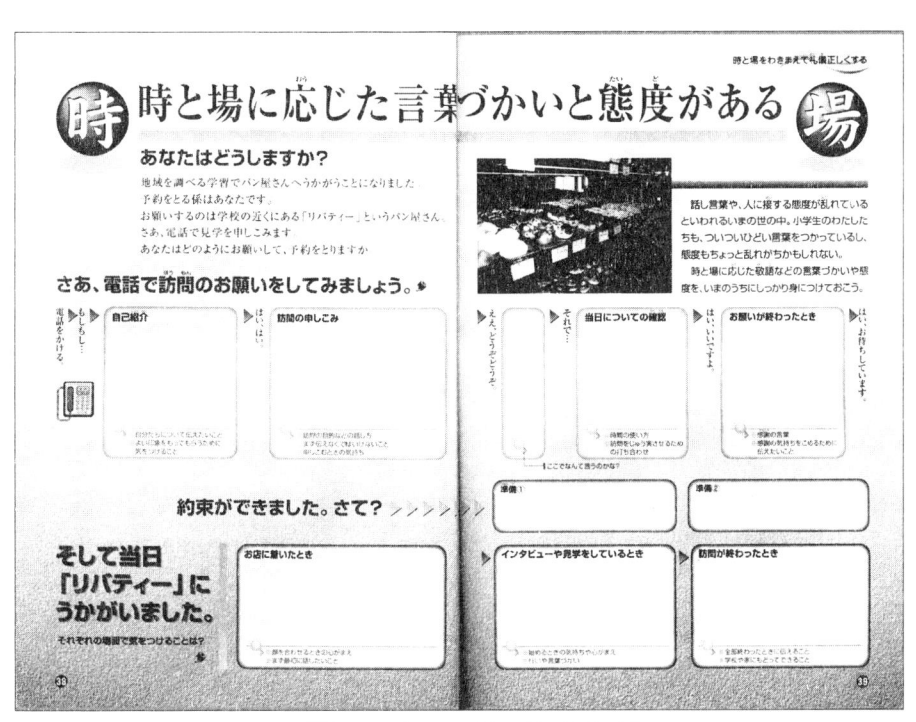

『「心のノート」5・6年』38・39ページ

＊「心と心をつなぐネットワーク」(36〜39ページ)

　「心」が先にあるという心理主義の臭いが相変わらずしますが、「ネットワーク」という言葉は面白いと思います。インターネットの時代でもあります。テロを企てる人たちもネットワークを作りますが、さまざまな人が国や民族を超えてネットワークを築くことができる時代です。子どもたちもインターネットの世界にも触れて、そういったネットワーク作りの面白さや豊かさを感じられたらよいと思います。

　このページでは「礼儀」や「エチケット」、それに「時と場に応じた言葉づかいと態度」(38〜39ページ)が説かれます。電話で人にものを頼むときの言葉づかいを考えさせるのは、確かに有効かもしれません。ただしパン屋の見学申し込みをしたら、断られることもあるでしょうし、ひどく乱暴な言葉で対応されるかもしれませんから、この記入欄はやは

り使いづらいでしょうけど。

　このページを使うならば、まず教師自身の「言葉づかいと態度」が問われることは言うまでもありません。子どもたちにそれを評価させることから始めてみてはどうでしょうか。

　＊「あなたの心にあるそのあたたかさ」(40〜43ページ)
　ここでは「思いやりの心」で相手の立場に立って互いに助け合うことの重要さが説かれます。それが大切だというのはそのとおりですが、相手の立場に立つということは、思いのほか難しい問題を含んでいます。
　聖書の「自分がしてもらいたいように、人になすべし」という教えも、論語の「己の欲せざるところ、人に施すことなかれ」という教訓も、実は「相手も自分と同じような価値観や考え方を持った人間だ」という大前提の上に成り立っています。しかし実際には、相手は価値観も考え方も違うのかもしれません。「相手のしてほしいこと（相手がしてほしくないこと）」は「自分がしてほしいこと（自分がしてほしくないこと）」とは異なるかもしれないのです。
　勝手に「イラク人解放」を謳って戦争を始めるアメリカ、「相手が困っているときも同じ、だれかに助けてもらいたいと思っている」(41ページ)といった思いこみで自衛隊を派遣するアメリカ盲従の日本。そんな行動に繋がらないように、「自分とは異なる相手（たとえばイラクの人々）が何を欲しているか（欲していないか）」に思いが至るようでありたいものです。「思いやりカード」(43ページ)を作らせることは、本質的なことではありません。

　＊「友だちっていいよね」(44〜47ページ)
　「(女子と男子) たがいに意識しちゃうよね」(47ページ)と、異性のことがここで初めて取りあげられます。この「紗代さんの思ったこと」と

いう作文には、「男子がいてよかったなあ、と思うことが三つ」、男子は「先生や友だちにあいさつ」をし、「話を聞いてくれる」、「女子の友だち関係のことで」アドバイスをしてくれたことが書かれています。その裏返しとして女子はそういったことがなかなかできないことが示唆されているかのようです。男子と女子の実状は、むしろ逆なのかもしれません。きっとこの作文を選んだ（創作した？）のは、男性の筆者の一人なのでしょう。『活用のために・小』には「この作文に刺激を受けて、男子が女子のよさについて作文を書くことがあれば、ぜひ、それを大事に生かしてみたい」とあるものの、それにしても筆者たちのジェンダー（社会的な性）の視点欠如が露呈しています。

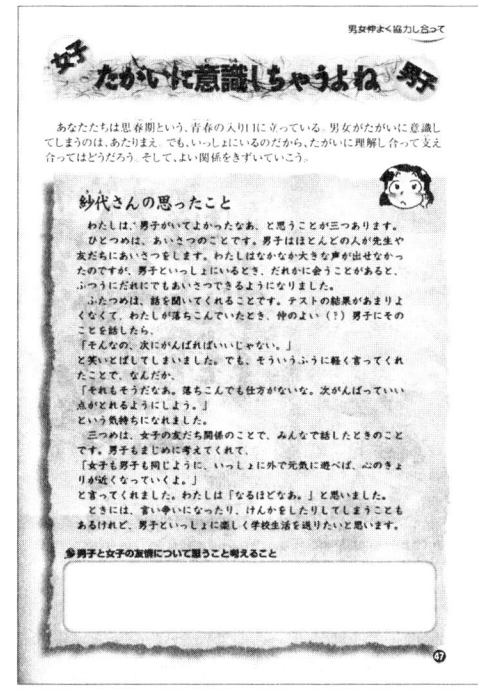

『「こころのノート」5・6年』47ページ

　ジェンダーについて取りあげるのはけっこう難しいですが、セックス（生物学的な性）をベースにしながらも、ジェンダーが社会や文化によって作られていくこと、またその有り様は社会や文化によって違うこと、より具体的には性役割観について考えさせる授業が展開できると、子どもたちの興味をぐっと惹きつけられるかもしれません。

＊「よりそうこと、わかり合うことから」(48〜51ページ)
　「セトモノと／セトモノと／ぶつかりっこすると／すぐこわれちゃう／どっちか／やわらかければ／だいじょうぶ……」。

相田みつをさんの書による詩に、共感を覚える子どももいることでしょう。内容に異議を唱えるわけではありませんが、これは日本的な人間関係の有り様を示しているということには留意が必要です。「ぶつかりっこするとすぐにこわれちゃう」ぐらいなら、そんな甘い関係は不要で、ぶつかってケンカしてでも関係を作っていくことがよいとされる文化だってあるのです。「やわらかいこころ」で関係を作ろうというのは、日本的な「甘え」にも通じ、葛藤を回避する巧みなやり方でもありますが、「物事の善悪をはっきりとはつけない」「責任の所在を必ずしも明確にしない」ことにも繋がります。実はこのことが、日本の戦争責任を追及する中国・韓国などと、それにもう触れてほしくない日本との対立のベースにあるという見方もあります。

　「ちがう意見を受けとめて」（51ページ）と言いつつも、異質なものに対する排他性のきわめて強いこと——「外国人」とは国際交流しても、隣人になることは極端に避けたいと願ったり、国として「難民」をほとんど受け入れなかったり——などの日本社会のあり方について、子どもたちと一緒に考えてみたいものです。

＊「『ありがとう』って言えますか？」（52～55ページ）
　このタイトルの問いかけに「はい」か「いいえ」のいずれかのボタンを押すことを強要する、きわめて不寛容なページです。「あなたの心には、必ず『はい』のボタンにふれようとする『あなた』がいます」と、またもや目に見えない筆者たちに子どもたちは「心」を勝手に代弁されてしまいます。「迷っている人は、その理由を考えてみよう」と、迷ったままでいることも許されません。「いいえ」は選んではいけない選択肢であることが感じ取られて、子どもたちには「はい」と答える道しか残されていません。

　子どもを追いつめるだけのこんなページをまともに使ってはいけませ

『「心のノート」5・6年』52・53ページ

ん。子どもたちは機械やロボットではないのです。

＊「生きているんだね自然とともに」(58～61ページ)

　私たちも自然の一部であり、自然のなかで生かされているという感覚は、とても大切だと思います。しかし近代化のなかでさんざん自然を壊し、今なおダムを作ったりして自然を壊し続けているのが日本の現状です。「美しい自然ずっとこのままで」(60～61ページ) という前に、身近に「美しい自然」がどのくらい残っているのかをまず問題とすべきでしょう。たとえば学校周辺の探索から、「壊された自然」「汚された自然」「それでも残っている自然」などについて実践的に学ぶ機会を作るとよいのではないでしょうか。

＊「いま生きているわたしを感じよう」(62〜65ページ)

　言葉で「いのち」を教えようとしても観念的になるだけで、当然無理があります。それでも母親に、自分を生んでくれたときのことについてインタビューさせるなど——もちろん実の親がいない子どもに対する配慮が必要ですが——は、子どもたちにも響くところがあるかもしれません。

　一方で、この社会、この世界で大事にされていない「いのち」もあるということも、ぜひ子どもたちに知ってもらいたいものです。今なお戦争で「犠牲」となっていく「いのち」のなんと多いことか。幼児虐待で、自分の親に命を奪われるということもあります。そういった社会問題を、ぜひ高学年になった子どもたちと真摯に議論をしてみたいものです。

＊「大いなるものの息づかいをきこう」(66〜69ページ)

　近代化が「人間の力を超えたもの」(68ページ)などないかのようにすべて人間の力でなんとかできると誤解したその反省に立ってこのページを扱うならば、それなりに意味があることだろうと思います。ただし「人間の力を超えたもの」は「すごいなあ」(69ページ)と感動できるものばかりではなく、畏怖の対象であったりもするわけです。畏敬とともに畏怖という側面にも注目させるべきでしょう。

　「人間の心の美しさにふれて感動したこと」(69ページ)があるならば、子どもでも「人間の心の醜さにふれて失望したこと」もあるかもしれません。ポジティブな側面だけを取りあげれば子どもたちの「心」が育まれる——どうやらこのノートの筆者たちは一貫して、そう単純に考えているようですが——ということではありません。ネガティブなことに向き合うことだって、ときに必要です。

＊「いきいきしている自分　かがやいている仲間」(72〜75ページ)

「わたしにはいろいろなわたしがある。少しずつちがうわたしだけどどれも本当のわたし。どれもかがやいているわたし」(70ページ) と実感できればいいと思いますし、「かかわり合いの中でわたしが、みんなが光っている」(72〜73ページ) と心底思えるなら素晴らしい。でも子どもたちの現実は、そんなユートピアのような世界に生きているという実感はおそらくなくて、大人の世界と同様に、もっとドロドロした部分を含んでいるのだろうと思います。そんな子どもたちにとってこのページは、虚しく思える言葉が並んでいるだけなのかもしれません。

ここでは結局、「自分」や「仲間」のポジティブなところだけを強調して、社会のなかでの「役割と責任」(74ページ) を教え込みたいという意図が明示されています。その「役割」は常に社会の側から与えられるのではなく、自分で創造してもいけるということ、そのことを通して「責任」をもって社会を変えてもいけるということを、たとえば選挙制度の話などと絡めながら子どもたちと考えるのがひとつの手でしょう。

＊「ぐるりとまわりを見渡せば……」(76〜79ページ)

ここでは「ぐるりとまわりを見渡せば」(76ページ) ということで、このノートのなかでは珍しくネガティブな側面が写真付きで取りあげられています。それにしても、「家庭ゴミ持込厳禁」「犬などのフンを捨てないで下さい」と書かれたゴミ箱の写真について「こんな注意書きがない世の中にしましょう」と言うなら、「こんな説教臭いことばかりが書かれた『心のノート』がない世の中にしましょう」ということにはならないのでしょうか？　ここらでそろそろ、このノートの存在そのものについて子どもたちと議論してみてもいいかもしれません。

ここでは「権利」と「義務」が取りあげられています (79ページ)。「社会のマナーを守ること」「いろいろなきまりを守ること」(78ページ)

『「心のノート」5・6年』76ページ　　　　　『「心のノート」5・6年』79ページ

の大切さを説くのは、権利と義務について考えさせる布石です。それはいいのですが、「わたしたちには、だれにでもよりよい社会に生きる権利がある」は当然としても、「よりよい社会をつくる義務がある」(79ページ)というのはどうなのでしょう？　これはむしろ「義務」ではなく「権利」、すなわち「よりよい社会をつくる権利がある」ということなのではないのでしょうか。現状の社会を必ずしも是とせず、それを変えていける「権利」を私たちが持っていることを、子どもたちに知ってもらいたいものです。

＊「どうしてゆがめてしまうのか？」(80〜83ページ)

「偏見と差別」という言葉はまだ登場しませんが、それについて取りあげられたページです。大事なテーマを扱っているということに異論は

どうしてゆがめてしまうのか？

女性も男性も
子どももお年寄りも
はだの色の
ちがいがあっても
あるいは障害が
あったとしても
みんな同じ。
だって
みんな同じ
かけがえのない
ひとりの人間。

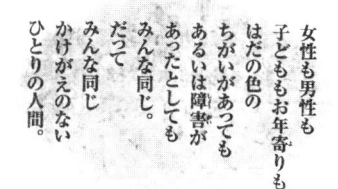

ふと知らないうちに
だれかの心を傷つけてしまっている。
知らず知らずのうちに
かたよった見方をしている。
そんなことはないだろうか？

すべて人間であるかぎり
差別やかたよった見方は許されない。
ゆがんだ考えをもつ人は
その人自身の心の中に
弱さがあるにちがいない。

『「心のノート」5・6年』80・81ページ

ありません。

「女性も男性も／子どももお年寄りも／はだの色の／ちがいがあっても／あるいは障害が／あったとしても／みんな同じ」（80ページ）という言い方は、子どもたちにも知られた「小さな世界（It's a small world)」の歌の歌詞、「世界中どこだって　笑いあり涙あり　みんなそれぞれ助け合う　小さな世界　世界は狭い　世界は同じ　世界は丸いただひとつ」を連想させます。でも本当に「みんな同じ」「世界は同じ」なのでしょうか？

すべての人が「かけがえのないひとりの人間」（80ページ）というのはそのとおりです。しかし「みんな同じ」という前提に立つと、たとえば、きわめて異質と感じる文化の人々——なにも遠い国の人々ということだけでなく、「最近の若者は……」という言葉が表すように世代の違

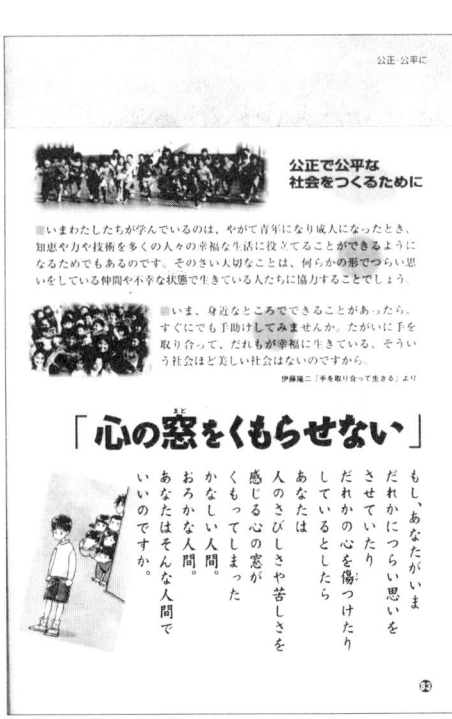

『「心のノート」5・6年』83ページ

いというところにも、そういう人々を見いだすこともあります——に出会ったときに、むしろ「わからない」「理解したくない」「触れたくない」「排除したい」といった方向に、私たちは進んでしまう可能性があります。

むしろ「みんな違う」という前提に立つというのが、ひとつの考え方です。私たちは「みんな違う」。その違いが大きいか小さいかということはあっても、もともと「違う」と思えれば、他者に対してむしろ寛容になれるという側面もあるのです。そんな考え方も、子どもたちに示して考えさせてみてはどうでしょうか。

「心の窓をくもらせない」（83ページ）で語られている内容は、「いじめは許されない」（『活用のために・小』）という意図が込められながら、その人を「かなしい人間」「愚かな人間」と規定してしまい、ひどく「いじめ」ているようにも見えてしまいます。使いづらいメッセージだなと思います。

＊「働くってどういうこと？」（84〜87ページ）

「ボランティア」などで「社会の役に立つ」（86〜87ページ）ことが悪いことだという人はおそらくいないでしょう。でも「ボランティア（volunteer）」にはもともと、「自発的に（voluntary）」という意味が含まれているのであって、あくまで本人の「自発性」に任されるべき事柄で

あり、それを暗に強要したりしてはなりません。ボランティアをしたことが結果的に人に評価されるのはよいとしても、ボランティアをしないと評価が下がるというのは、絶対におかしいと思います。

　この社会では、「自発的」とか「自主的」といった言葉が、文字通り使われない傾向が強くあります。「自主退学を勧告する」と言ってもおかしいとは気づかない感覚を持ってはいないでしょうか。「子どもたちが自主的にやるよう指導する」というのは言葉として矛盾しているということに気づかねばなりません。

『「心のノート」5・6年』85ページ

　近江商人の「三方よし」（自分よし、相手よし、世間よし）もいいですが、都合よく「そして社会もよい」（85ページ）と簡単に言い換えてもらいたくないものです。「渡る世間に鬼はない」とは言いますが、私たちは「世間体」を気にする文化を持っていますし、「世間の口に戸は立てられぬ」（世間の噂を封じることはできない）とも言います。世間や社会を無条件に「よい」と受け入れることはできません。そんな諺も、子どもたちにも知ってほしいものです。

＊「わたしの原点はここにある」（88〜91ページ）

　家族をテーマに、また「わたし」の気持ちを勝手に代弁する作文が登場します（89ページ）。ひとつの姓——そのほとんどがもともと父親の姓

『「心のノート」5・6年』88・89ページ

——を名乗る「家族」、それを「わたしの原点」だと位置づけたい志向性が、このノートの筆者たちには極端に強いようです。戦前の家父長制的な家族形態が、それこそ「筆者たちの原点」なのかもしれません。

何らかの事情で離婚した親を持つ子などもいるでしょうし、あえて自ら選んでシングルマザーとなった母親を持つ子も、これからは増えてくるのかもしれません。「家族」にもいろいろな形がありうることを、高学年の子どもたちなら理解できることでしょう。夫婦別姓の問題なども、クラスで話しあってみてはどうでしょうか。

「家族新聞」(91ページ)もいいですが、作る機会を与えるなら、形式も子ども自身に考えさせるべきです。

✻「学び合う中で」(92〜95ページ)

「まだまだ小さかったわたしをいままでやさしくつつんでくれたこの学校。この校風の中でわたしたちは大きくなった」(94ページ)と思えて小学校生活を終えられる子どもは幸せだと思いますし、またそうであってほしいとも思います。しかし現実は、そんな子どもばかりではないでしょう。小学校高学年ともなれば、いじめの問題も不登校の問題も顕在化してくるのが実状です。

「校風」とはなかなかよい言葉ですが、「胸をはれる校風がある」とは限らず、ましてや「校風はわたしたち自身」(95ページ)とは、明らかに言いすぎ――『活用のために・小』には「『校風はわたしたち自身』というのはどんな意味だろうか、考えてみたい」とあるのですが――です。「校風をつくるのはわたしたち」(94〜95ページ)と言う前に、そのようなことを本当に子どもが自主的にできる環境を整えることのほうが先決です。

「胸をはれる伝統」が「わたしたちの学校」にある(94ページ)というなら結構なこと。一方で、「学校の嫌なところ、変えたいところ」も率直に子どもたちが意見を出せるような場作りをするべきです。

✻「見つめよう　わたしのふるさと　そしてこの国」(96〜99ページ)

先述のとおり「ふるさとは遠くにありて想うもの」でしょう。10代になったばかりの子どもたちに「ふるさと」という言葉は、まだまだ響かない言葉です。

「この国」という言い方は、「日本」を突き放して対象化してみる言い方であり、外国籍の子どもにも捉えてもらうにはいいと思います。でもそれをすぐに「わが国」(97ページ)と言い換えたのでは駄目です。「この国を背負って立つのはわたしたち。わたしの住むふるさとには、わが国の伝統や文化が脈々と受け継がれている。それらを守り育てる使命が

『「心のノート」5・6年』96・97ページ

「わたしたちにはある」と勝手に押しつけないでもらいたいものです。

「日本らしさ」として「俳句」「木造建築」「季節の行事」「浮世絵」「邦楽」などが取りあげられていますが（98ページ）、このノートの筆者たちのステレオタイプ（紋切り型のモノの見方）がよく現れています。相変わらず、アイヌ文化のことなどは無視されたままです。

「この国」の「らしさ」にはいったい何があり、外国の人々からはどう見られているのでしょうか。物だけでなく行動の仕方や考え方も含めて議論してみることこそが、「この国」を冷静に見つめることに繋がっていくことでしょう。

＊「心は世界を結ぶ」(100〜103ページ)

「わたしも立派な国際人」(102ページ)とありますが、そもそも「国際

わたしも立派な国際人

21世紀の世界。わたしたちが主役の世界。
わたしたちは、世界のできごとをどれだけ知っているだろうか。
食料不足に苦しむ人々、戦争におびえる人々、難民の問題、病気に苦しむ子どもたち。
わたしたちはこのようなことから目をそむけてはいないだろうか。
国際人としての自覚をもって世界に思いをはせてみよう。世界の人々と心で結びつくことができるなら、いまのわたしたちにも、できることがきっと見つかるはず。

そしてわたしは、いま

たとえば、外国の子どもたちに学校をプレゼントしようと、自分たちで募金活動に取り組んだ仲間がいる。災害で困っている外国の人たちに役立つことをみんなで考え行動をおこした仲間もいる。 考えてみよう、いまのわたしにできること

考えてみよう世界のこと、わたしにできること。

宇宙船 地球号 発進します。

これからの世界は
一人ひとりが
力を合わせ
つくっていく

『「心のノート」5・6年』102・103ページ

人」とは何なのか、子どもたちと一緒に考えてみたいものです。「国」とは？ その「際」とは？ 大人にとっても難しい問題です。

現実の世界情勢を見れば、「これからの世界は一人ひとりが力を合わせてつくっていく」（103ページ）などという未来への希望を、子どもたちは簡単には感じられないかもしれません。「戦争の世紀」であったと言っても過言ではない20世紀から見たら、21世紀はもう少し希望のある未来であるはずでした。ところが実状は、まったくそんな方向に進んでいません。

「宇宙船地球号」はいったいどこに向かって「発進」するのでしょうか？（103ページ）どこに向かっていると考えるにしても、日本に暮らしている私たちは、「宇宙船地球号」のファーストクラスに乗っているということを十分自覚すべきでしょう。『世界がもし100人の村だったら』

(マガジンハウス社)によれば、「すべてのエネルギーのうち20人が80％を使い、80人が20％を分けあって」いるわけで、私たちは確実に前者の20人のうちの１人です。そんなことを子どもたちとともに考えてみたいものです。

「心にひびく言葉」「わたしのページ」「わたしの主張」「さあ中学生そして未来へ」(105〜111ページ)
　書くか書かないかは子どもの自由です。

＊「道はつづく」(112ページ)
　子どもと一緒に読んでも読まなくてもいいと思いますが、「自分さがし」(中学校版の最初にも出てくる言葉)は、「心の時代」を背景とした今どきの言葉だということに留意しておく必要があります。どこかを探したって、「いま・ここ」にしか「自分」はありません。

Ⅳ

「心のノート」
中学校

(表紙)

このノートの筆者たちのもっとも言わんとすることが明示されているのが、この中学校版です。表現がストレートになり、オブラートに包まれたソフトさはだいぶ消え失せて、むき出しの説教臭さが鼻につきます。いきなりこれに接したなら、相当の違和感をかんじる子どもたちが過半数を占めることでしょう。

　「好奇心旺盛な中学生にとって、本ページのテーマ（注：14～17ページのこと）は一面『大きなお世話』と受けとめられるかもしれない」と、『中学校・心のノート・活用のために』（以下『活用のために・中』）にありますが、まったくもってその通り。それでも「大きなお世話」を続けるこのノートの筆者たちは、もはや確信犯と言うべきでしょう。

　しかし子どもたちは嫌だなと思っても、教師から与えられたものならば、さすがにそのあたりにすぐに放っておくわけにもいきません。半分大人の中学生たちは、嫌だなと思いつつも、自分の本音ではなく先生や親など大人たちの本音の推測で、このノートに対峙するようになるかもしれません。

　ただしソフトさが薄れたために、この筆者たちの意図、ひいては国家の意図が見えやすくなっていますから、子どもたちと一緒にこのノートをめくりながら、それを読み解く格好のテキストとして利用することができるだろうと思います。そういう意味では、けっこう「使える教材」です。

※「自分さがしの旅に出よう……」（表紙裏）
　「自分さがしの旅」とは一見魅力的に響く言葉ですが、拠って立っている「いま・ここ」の感覚を見失わせる働きもあります。思春期に入った子どもたちに必要なのは、むしろ地に足をつけるという感覚です。

『「心のノート」中学校』表紙裏　　　　　　　　　　　『「心のノート」中学校』5ページ

「自分」は常に「いま・ここ」にしかありません。

　例によってこのノートに名前を付けるかどうかは、子どもたちの自由です。

＊「あなたがしるす心の軌跡」「私の自我像」（4〜5ページ）

　「あなたがつくる、あなた自身の心の軌跡」（4ページ）といいますが、それならあらかじめ外側から枠組みを与えたり、誘導尋問的な質問をしたり、そういうことをしないでもらいたいものです。これでは子どもたちの「心」はのびのびできません。

　「自我像」（5ページ）が、そもそも造語だという説明が必要でしょう（128ページにも同じ言葉が出てきますが、それにしても妙な言葉づかいを考えつくものです）。自己紹介をということのようですが、小学校版でも指摘

したとおり、そもそも誰に向けて書くかということが問題で、「このノートに向かって自己紹介をしてみよう」なんていうのはナンセンスです。それに中学生にとっては枠が小さすぎます。何のために自己紹介をするのかということも問われなければなりません。

「自己紹介とはどういうことなのか」ということ自体を話しあってみるのは面白いかもしれません。「自己紹介」では通常どんなことが話されるのか、それがはたして「自己」そのものなのかどうか……。また自己紹介が、こんな枠組みに収まらないものであることを子どもたち自身が感じてくれればと思います。

※「はじめの一歩」（6～7ページ）

小学生から中学生になったという変化は、子どもたちにとって確かに大きなものでしょう。それを文章にしてみるというのはひとつの試みとして価値があると思いますが、「環境・くらしの変化」をまず書かせ、それをすぐに「どう心が変化したか」に結びつけさせる（6ページ）というのは、「心」にも「変化」があって当然という見方を子どもたちに強要するものです。「自分の生活」や「自分自身」について「これから変えたいと思うこと」というのも、「『変えたい』ことがあって当然」という筆者たちの思想が垣間見える部分で、「何もない」ということであってもよいのです。

「あなたの気持ちを、漢字1字で表してみよう」というのもいいですが、「夢」とか「望」とか「美」とかいったものだけでなく、「悪」とか「鬼」とか「醜」とか、そういったものを子どもが書きたければ書ける雰囲気でやってほしいものです。漢字1字だけで足りないなら、何文字でも書いてもらったらいいでしょう。

「中学生1000人に聞いてみました」（7ページ）というのは、どんな調査なのか出展ぐらい明らかにしておいてほしいものです。その下に「中

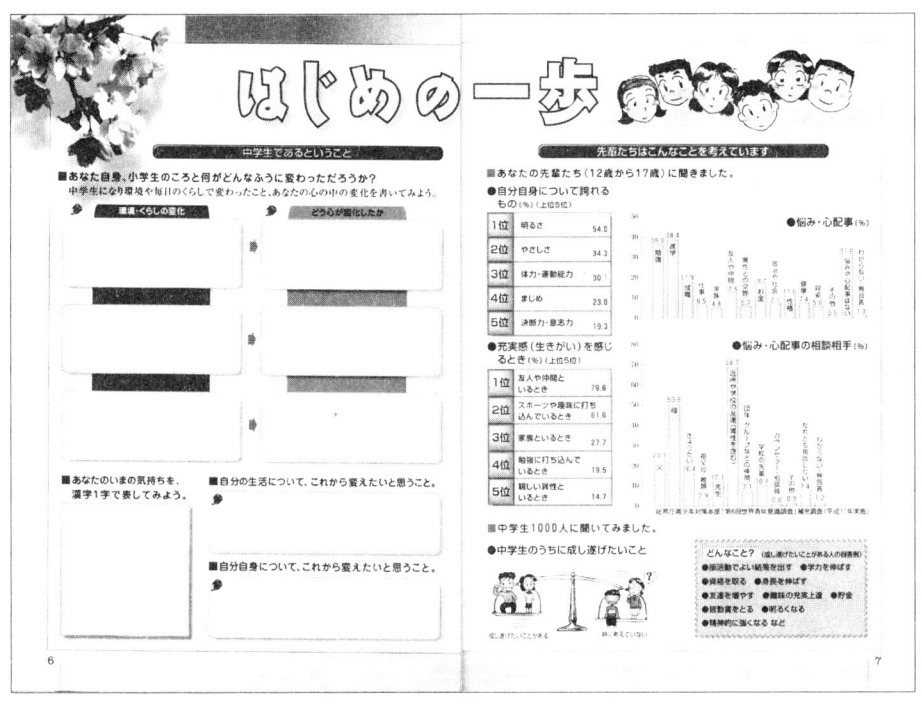

『「心のノート」中学校』6・7ページ

学生のうちに成し遂げたいこと」とあり、さらに天秤棒に模した調査結果（？）が書かれていますが、「特に考えていない」のほうが重い（そういう中学生のほうが多い？）ようで、まったく意味不明です。

＊「いまここに23の鍵がある」(8〜9ページ)

ジャラジャラと23もの鍵をつけて持ち歩いていたら、大人でもどれが何の鍵だったかわからなくなるのが普通です。

＊「元気ですか　あなたの心とからだ」(14〜17ページ)

仲のよい友だちから、あるいは信頼関係のある先生などから「元気？」と聞かれるのはそれこそ元気が出る言葉になりますが、顔の見えないこのノートの筆者たちから「元気ですか？」と聞かれても、大半の中学生

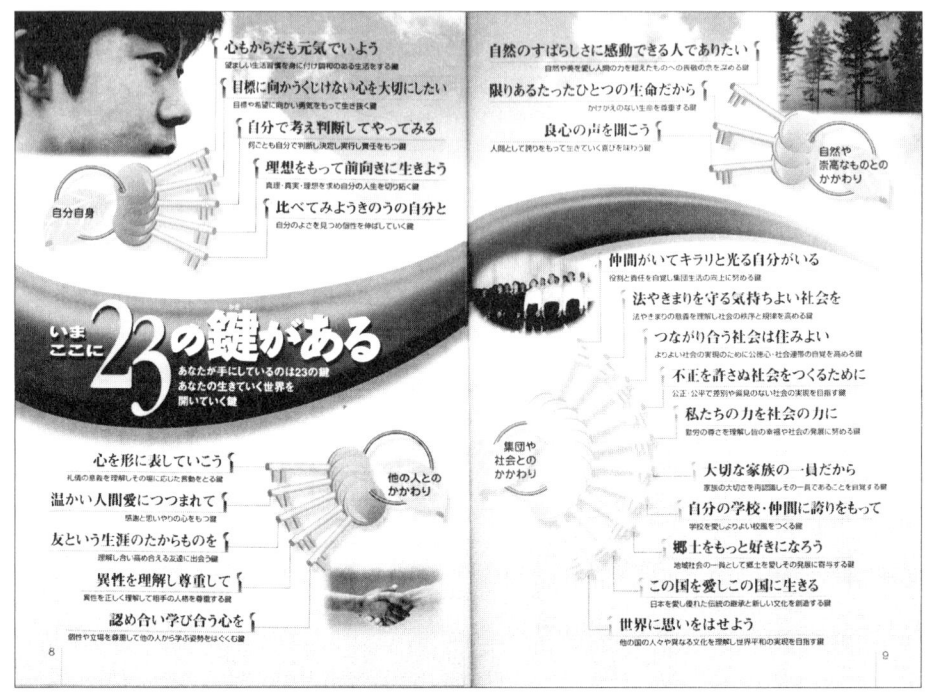

『「心のノート」中学校』8・9ページ

はきっと困惑することでしょう。たとえ元気でも「元気だよ!」と誰に答えてよいのかわかりませんし、元気がなければ見たくもないページです。

　「自分の決めた時刻に起床・就寝」とか「身のまわりの整理整とん」などの項目をパーセンテージで「自己チェック」を書かせ「反省点」をいちいち書かせる。こういったことがおおむねできている子どもは素直に書くかもしれませんが、そうではない子どもは書きたくもないでしょうし、書いたところで改善の効果があるとは思えません。

　「自分で自分をコントロールする」(16ページ)について考える機会を設けてもいいとは思いますが、大半の大人がそんなコントロールなどできずに、ほどほどに何とか折り合いをつけてやっているわけで、子どもたちだってそういうことを知っているでしょう。それを前提に子どもと

『「心のノート」中学校』14・15ページ

　これからの中学校生活を考える話し合いをするのは、意味があることかもしれません。
　それにしても「心のコントロールができていますか？」（15ページ）はいただけません。「マインド・コントロールができていますか？」という意味でもあるのですから。

　❋「ステップアップのために」(18〜21ページ)
　「少年よ　大志をいだけ（Boys, be ambitious!）」（18ページ）では、なぜ「Boys」なのか。『活用のために・中』には「すべての少年・少女へ向けた言葉として受け止め」るようにとありますが、やはりここに「Girls」が含まれているとは考えづらい。クラーク博士がどういう時代にどういう文脈でこの言葉を言ったのかについて、子どもたちと一緒に

調べてみるのがひとつの手です。

「どんな夢や目標も、もしかなえられる魔法があるとすれば、あなたのいまの生活の中にその魔法は潜んでいるのです」(18ページ) と言われても、そう実感できないのが多くの子どもたちの実状でしょう。しかし「夢」が大切ということ、「夢も抱き続けていれば、いつか何らかの形で実現できる」という希望が大切ということ、そういった想いを子どもたちと共有できるような機会は持ちたいものです。

「努力することってすばらしい」(20〜21ページ) は正論です。でも「努力」ばかりでは疲れてしまいます。それに「努力しないことはすばらしくない」わけではありません。「なりゆきにまかせる」とか、「時の流れに身をまかせ」とか、「Let it be (あるがままに)」とか、「ケセラセラ (なるようになるさ)」とかとも言います。人生の局面によって、「努力しない」ことのほうがいいときだってあるのです。

※「自分のことは自分で決めたい」(22〜25ページ)

「自分のことは自分で決めたい」と子どもたちに呼びかけるならば、なおさら「心のノート」を使うかどうか、子どもたちが「自分で決めたい」と言い出しても、尊重されるべきでしょう。でもきっとそんなことは、このノートでは意図されていません。

「中学生だもの自分で考え判断し実行するのはあたりまえ」(22ページ)、「中学生だもの自分がすることは結果まで深く考える」(24ページ) と「中学生だもの」という呼びかけが続きます。中学生だったら、それが自分たちとは異なる「大人たち」が発している声だということを敏感に感じることでしょう。ではその「大人たち」はどうなのかということが、当然問われます。

「その考え、浅くはないですか?」(25ページ) とも言う「大人たち」。その「大人たち」がどれほどのものなのか。子どもたちに逆に世の「大

『心のノート』中学校 22・23ページ

人たち」に対する大批判大会でもやってみるといいかもしれません。たとえば日本の首相の行動に、「その考え、浅くはないですか？」と言いたくなる子どもたちの声も出てくるのでは。

　でもそういう批判をすれば、すぐに自分に同じ言葉が跳ね返ってきます。それこそが本当に「自律」（24ページ）につながるのだと思います。

　＊「自分の人生は自分の手で切り拓こう」(26〜29ページ)
　「夢」や「理想」、それに「志」、それらが大事ということに異論はありません。でもそれらのものを抱きにくい息苦しい社会を作ってきたのは、私たち大人です。そこを棚上げしておいて「自分の夢をもつにはどのようにしたらよいのだろう」（27ページ）と問いかけることの無責任さを、子どもたちは感じるかもしれません。

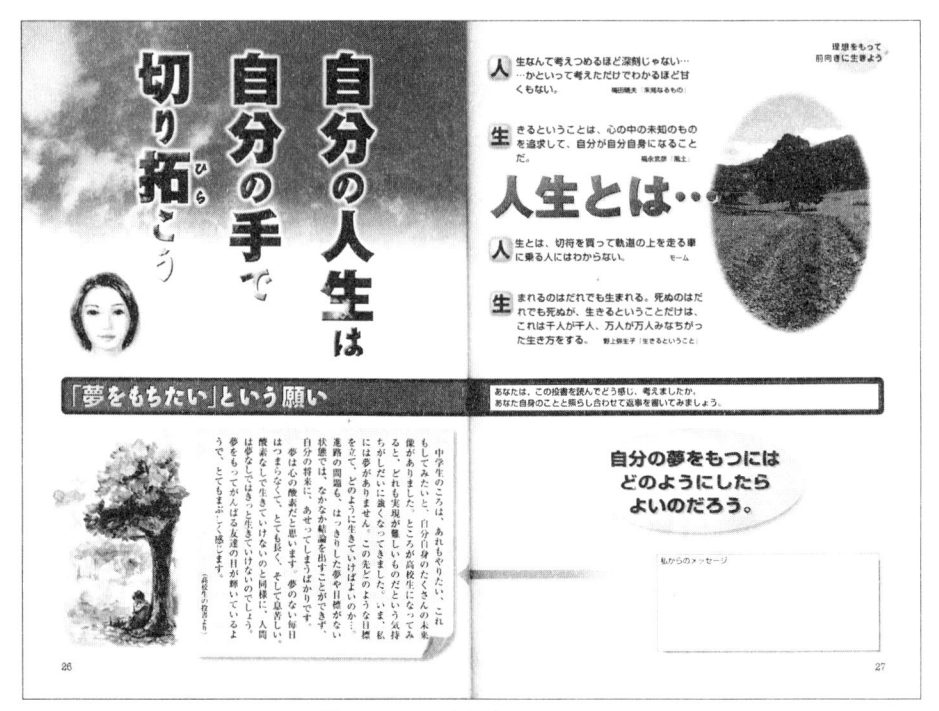

『「心のノート」中学校』26・27ページ

　このページを取りあげるならば、教師が自分の「夢」や「理想」について率直に語り、それに対する子どもたちの感想を求めるとよいと思います。ただし、そもそも教師自身が「夢」や「理想」をもって仕事ができているかが問題です。

　26ページには、「夢」がなかなか持てない「高校生の投書」が出てきますが、誰が書いたのか、どこに「投書」されたものなのか、本当に「高校生」が書いたものなのか、このノートの筆者たちが捏造したものではないか等々、さまざまな疑念が浮かんできます。この文章を読んで、本当に「高校生」が書いたものかどうかを、子どもたちと一緒に考えてみるといいかもしれません。

※「自分をまるごと好きになる」(30〜33ページ)

　このページでは、「他人と比較する」ことはやめて「昨日の自分と」「比べてみよう」と呼びかけます。「他人と比較する」と、「ひがんだり、悩んだり、落ち込んだり」して「欠点や短所ばかりが目について」しまうけど、「人間は変わっていくし、成長していく」ものだから、「自分の欠点や短所も少しずつ変えていけるはず」だと主張します。そして「いやな自分と、それを変えたいと思う自分」を「まるごと好きになる」ことができるはずだと。でもそんなことをあれこれゴチャゴチャ考えていると、大人だって「悩んだり、落ち込んだり」してしまいそうです。

　「他者と比較する」ことをここでは避けるように言われるわけですが、人間は社会的動物であり、そもそも他者と自分を比較しながら生きている存在です。もちろんそれには負の側面もありますが、自分が人より何かに秀でていることが、大きな自信になることだってあるわけです。それに学校という場は、なんだかんだと他人と自分を比較させ、平均というものを教えて、自分が優れているのか劣っているのかということについての見切りをつけさせる機能を現実に持っています。

　「自分をまるごと好きになる」、そんなことができる人がいるのかどうか知りませんが、「自分をまるごと好きになる」なんて強迫的に思わず、別に「自分をまるごと好きになんてならなくてもいい」と思えたら、「自分が好き」とか「自分が嫌い」とか、そんな囚われから逃れられるのかもしれません。

　このページをもし活用するなら、「自分をまるごと好きになる」ことができると思う子どもと、そう思わない子どもとの間で、ディベートをさせてみてはどうでしょうか。

※「心の姿勢」(34〜35ページ)

　社会や学校などの問題もすべてまとめて「心」に帰属させようとする

『「心のノート」中学校』34・35ページ

　心理主義があまりに露骨に牙をむいたようなページです。とてもまともには使えません。

　　＊「礼儀知らずは恥知らず？」(38〜41ページ)
　この表題にあるような「？」がつく反語的な表現というのは、通常はそこに表現されているのとは逆の内容を強く示唆するものですが、そうだとするとこの表現は「礼儀知らずは恥知らずではない」ということを意味することになってしまい、きっと顔の見えない筆者たちが言いたいこととは違うのでしょう。しかしもし「礼儀知らずは恥知らずということでもない」のだとしたら、それはどういうことを意味しているのでしょうか？　そんな言葉のあやを子どもたちと一緒に考えてみるのも面白いでしょう。

「虚礼を考える」（40ページ）というのはよい視点だと思います。世の中、見方によっては虚礼だらけなのですから。ならば子どもたちと一緒に徹底して「虚礼づくし」で一週間過ごしてみるなんていう実験をやってみてもいいでしょう。先生に対する「コンニチワー」が一番増えたりでもすれば、生徒たちの先生に対する「敬う心」が乏しいことがはっきりしてしまいますから、教師にとってはちょっと怖い試みかもしれませんが。

『「心のノート」中学校』40ページ

＊「『思いやり』って…なんだろう？」(42～45ページ)

　「『思いやり』ポスター展」（42～41ページ）なんて、いったいどこであったの？　そんなの架空のものでしょ？……と思わず言いたくなるのがこのページです。3つの「ポスター」すべて、またそれを見ている中学生の絵も同じタッチで描かれていて、こんなの、「思いやり」のかけらもなさそうな筆者たちの贋作だとすぐにわかってしまいます。

　3つともわざとらしい「ポスター」ですが、とくに「作品2：『失恋』」では、「作者の言葉」として「失恋をした友達と一緒に泣いてあげています」というのに対して、「彼女にだけ伝えたのに」「みんなに知られちゃうよ」と中学生が声を発しています。では友達の辛い想いに一緒に泣くのはよろしくないということにでもなるのでしょうか？

　「人の気持ちがわかる人間になりたい」（45ページ）で9割以上の小中

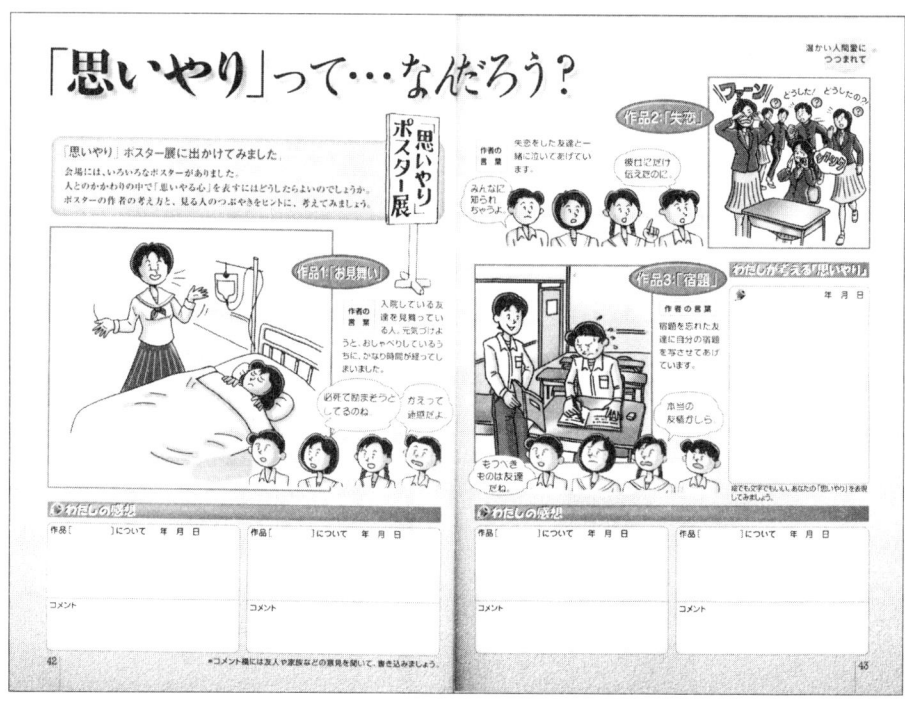

『「心のノート」中学校』42・43ページ

学生が「そう思う」「どちらかというとそう思う」と答えているというのですが、「どちらかというとそう思わない」「そう思わない」も５％以上います。そう答える少数派の「気持ちがわかる」かどうか、子どもたちに問いかけをしてみると、現代社会のすさんだ一面に目を向け深く考えることに繋がるかもしれません。

※「太陽みたいにきらきら輝く生涯のたからもの」(46〜49ページ)

「……それが友情」と続く見出しですが、友達はときにうっとうしい存在でもあり、手放しで「友情」が素晴らしいとは言えないところがあります。見かけの「友情」が、陰湿ないじめの隠れ蓑になっていることもあります。48ページの「互いを高める友情はどこにある」の書き込み欄は誘導尋問もいいところで、子どもたちが自由に書ける余地がほとん

どありません。「友情」を善なるものと決めつけずに、子どもたちに自由作文を書いてもらうほうが、よほどいろいろな見方が出てきて面白いのではないかと思います。

46ページの「ナカムラミツル」は中学生にも人気があるようですが、この詩の内容と、ロケット型の自動車に乗って職場に向かう（？）目のつり上がった企業戦士（？）が描かれた絵がどうしてマッチするのか、私にはさっぱり理解できません。友情の問題とは切り離して、この詩と絵の関連についてディスカッションしてみると、案外面白い解釈が出てくるのかもしれません。

『「心のノート」中学校』48ページ

＊「同じ一人の人間として」（50〜53ページ）

たしかに中学生ともなれば、多くの人が異性を気にしはじめることでしょう。しかしそんなことを、いちいち授業で先生に取り上げてほしくないだろうし、放っておいてほしいというのが、多くの子どもたちの本音なのではないでしょうか。むしろ取り上げるべきは、「性」に関するきちんとした知識でしょう。でもこのノートは「心」を扱うものであるというためなのか、「性」については触れないですませています。

「好きな異性がいるのは自然」（52ページ）。それはそうでしょうけど、では「好きな異性がいないのは不自然」なのか、「好きな同性がいるの

『「心のノート」中学校』52ページ

は自然ではない」のか。世の中には同性愛の人もいるわけであり、中学生にもその芽を感じている人はすでにいるはずです。偏見や差別を許さないというのもこのノートの主旨にはあるようですから、「同性愛」の人たちに対する社会の偏見の目について、子どもたちと考えてみたいものです。

「男女共同参画の社会を」（53ページ）というのに異論はありません。「だがどうだろう、いまの世の中は。男も女も、みんなが力を合わせて一緒にがんばっているじゃないか」と言いながら、結婚すると妻が夫の姓に変える夫婦が圧倒的に多いのはなぜなのかといった問題——さらには事実婚や夫婦別姓の是非についても——も考えてみたいものです。テレビ中継されるスポーツには野球やサッカーをはじめ大半が男のプレーしているものだといったことなど、ジェンダーの問題をきちんと取り上げたら、それだけで何回もの授業時間を要することになるでしょう。でも本当は、それぐらい大きな社会問題だということを、子どもたちにも知ってもらいたいものです。

※「いろいろな立場があり考えがある」(54〜57ページ)

「あなたがいま立っている、その同じ場所に他の人が立ったとしても、ものの見方や考え方はあなたと同じであるとは限りません」（54ページ）

というのは、重要な指摘です。「相手の立場に立つ」というときに、私たちは「自分だったらそんなふうに考えないのに」「自分だったらこんなことをしないのに」といったように、単に自分をそのまま「相手の立場」に置いて考えてしまいがちです。「相手には相手の立場がある」ということを理解できない状態を「一次的自己中心性」——幼児はこのような状態のなかにいると言われます——と呼ぶならば、「相手は自分とは感じ方や考え方の異なる他者である」ということを理解できない状態を「二次的自己中心性」と呼ぶことができます。ほとんどの大人は一次的自己中心性は脱していても、二次的自己中心性を脱しているかどうかは怪しいものなのです。

だから戦争というものも起きてしまうのでしょう。たとえば「イラク人たちはフセイン政権から解放されたがっているはずだ」と相手の立場に立ったつもりになれるからこそ——実は自分をその立場に置き換えてみただけなのですが——、イラク戦争を肯定できるのですから。「自分」とは異なる感じ方や考え方をするかもしれない「イラク人たち」がどう感じ考えているのかということが、決定的に重要です。そんなちょっと小難しくも見える議論を紹介すると、中学生も案外刺激を受けるかもしれません。

＊「コミュニケーションは心のキャッチボール」(58〜59ページ)

武田鉄矢さんといえば「金八先生」。たぶん子どもたちでも知っているでしょうが、「金八先生」がいかに立派でも、それはドラマの世界の話。武田鉄矢さん自身は、また別人物です。

「笑うことは、だれにだってできることなんだからね」と彼は言いますが、「笑う」ことなどほとんどできなくて中学時代を過ごしている子どもたちもいます。文脈によっては良い言葉になりえますが、ドラマのイメージだけで、不用意にこういう言葉をもってきてほしくないもので

す。

　＊「悠久の時間の流れ　この大自然」(62〜65ページ)

　「地球の誕生を１月１日午前０時として、これまでの歴史を１年間とすると、ある説では人類が誕生したのは12月31日午後８時12分」(62ページ)というのは面白い観点ですが、もう少し具体的な前提条件を知らないと、あまりピンとこないでしょう。この「説」の元になっているデータが正確にはわかりませんが、地球の歴史を40億年、人類誕生を200万年前と仮定すると、人類の誕生は12月31日午後７時37分12秒になります。中学生にはちょっと難しい計算かもしれませんが、「恐竜が生きた時代の季節はいつ？」(最古の恐竜が２億年以上前の三畳紀に生まれたとされるが、それでもすでに季節は冬！)とか、「みんなが生まれたのは大晦日の何時何分何秒？」(年が変わるまで残りわずか0.1秒ぐらい！)とかいったことを一緒に計算してみると面白いと思います。

　もちろん単に数字遊びにとどめず、たとえば近代と言われるこの100年間ぐらい(年が変わるまで残り１秒足らず)の間に、人類はどれだけ「この大自然」を破壊してきたのかといったことも考えてみるとよいでしょう。そういったことを考えてこそ、「あなたは自然とどのようにかかわっていくことが大切だと思いますか？」(65ページ)という問いかけに、子どもたちがそれぞれ答えを出せるというものです。

　＊「かけがえのない生命」(66〜69ページ)

　「生と死について考えよう」(67ページ)とあり、このノートのなかで唯一「死」について言及があるページです。しかし「生命」「いのち」という言葉は、「かけがえのない」といった形容詞付きで繰り返し出てくるのに対して、「死」は一言しか出てきません。

　先述のとおり年間３万人もの自殺者を出しているのが、日本の社会の

『「心のノート」中学校』66・67ページ

実状です。交通事故でも年間1万人近くの人が亡くなります。またイラク戦争とその後のイラクでは、数百人のアメリカなどの兵士が犠牲になっていますが、イラク人の死亡者は1万人以上と言われます。ちなみにベトナム戦争では、アメリカ兵の犠牲者は約5万8000人、一方ベトナム人の犠牲者は民間人も含めて200万人とも300万人とも言われます。他にも子どもたちにいろいろ調べさせてみてはどうでしょうか。

　「かけがえのない生命」という表現は、すっかり手あかが付いてしまって、子どもたちにとっても陳腐な言葉かもしれません。そのかけがえのない「生命」が、どうしてかくも簡単に奪われてしまうことがあるのか、それを奪っているのは誰なのか。武器ではたして「生命」は守れるのか……。そんな問題を子どもたちと議論してみたいものです。

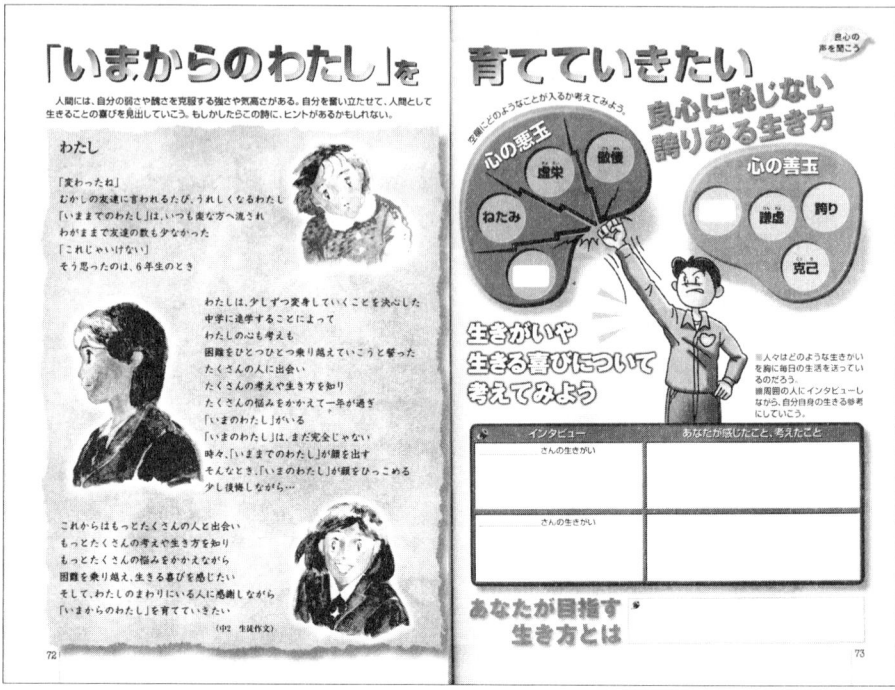

『「心のノート」中学校』72・73ページ

＊「かみしめたい　人間として生きるすばらしさ」(70〜73ページ)

　ここでは「心の内にある良心の声」(70ページ)が取り上げられます。本当に中学生が書いたのかどうかわからない作文（72ページ）はともかくとして、「良心に恥じない誇りある生き方」に言及があり、「誇り」「謙遜」「克己」などの「心の善玉」だけを持つことが推奨され、「傲慢」「虚栄」「ねたみ」などの「心の悪玉」を殴り壊すことが求められてしまうのは、あまりに単純な善悪二元論であり、そのまま子どもたちが受け入れるとは思えません。人はときに「傲慢」にもなり、「虚栄」を張ってみたり、何かが良くできる人に対して「ねたみ」を感じたりするものです。

　もしそれらが駄目だというなら、映画『男はつらいよ』の主人公・車寅次郎などは、その存在すら許されないことになってしまいます。なぜ

『「心のノート」中学校』82・83ページ

　こんな「傲慢」で「虚栄」ばかり張った「ねたみ」深い人物である寅さんが実に多くの人たちに愛されるのか、映画を観ながらそんなことを子どもたちと考えてみるのがひとつの手です。

＊「集団、そして一人一人が輝くために」(82〜85ページ)
　オーケストラはオーケストラで素晴らしい。でも集団をオーケストラに例えるなら、それは誰もが逆らわない唯一の「指揮者」がいる中央集権的、あるいはもっと言えば独裁的なそれです。そこでは異議を差し挟むこと（不協和音を奏でること）は許されません。リーダー（指揮者）を民主的な手続きで選ぶこともできません。何よりメンバーは互いに話をすることすら許されないのです。
　「人の役に立つ人間になりたいと思いますか。この質問に、あなたは

どう答えますか？」(85ページ) という問いかけの仕方には、「別にそうは思わない」とは答えづらい圧力を子どもたちは敏感に感じ取ることでしょう。同様に「集団生活の向上のために、あなたができることはどんなことですか」「一人一人が、集団の中で輝くための人間関係を考えてみましょう」(85ページ) という質問にも、オーケストラの一員――リーダーに忠実な物言わないメンバー――になれという無言の圧力が感じられます。

「集団の中の自分」である以前に、私たちはもっと小さな規模の共同体の一員であるはずです。そこに集団――ひいては国家――の枠組みを簡単にはめてしまわないような気遣いが教師に求められるのではないでしょうか。

＊「縛られたくないのはみんな同じ」(86〜89ページ)

「法やきまりは、スポーツのルールと同じこと」(88ページ) とは、あまりに粗雑で明らかに誤った言説です。「スポーツのルール」と「法やきまり」が「同じ」であろうはずがありません。前者は、それは競技者が決めるものではなく、それを疑いようがない前提として互いが認め合ったうえで力や技を競い合うものです。後者は、その社会に参加している私たちが作っていくものであり、場合によってはそれを批判し、必要に応じて民主的な手続きで作り替えていったりするものです。

中学生の子どもたちにも、それぐらいの違いは理解できることでしょう。「法やきまり」と「スポーツのルール」の相違について、最初から答えは示さずに、子どもたちに考えさせてみてはどうでしょうか。

「権利と義務」(89ページ) が書かれたページは、「社会生活の秩序と規律」のために「権利」の「主張」は極力抑制的に、むしろ「義務を果たすこと」に重きを置けと言わんばかりです。たとえば「義務教育の『義務』って、誰にとっての義務？」といった問いかけをしてみると、子ど

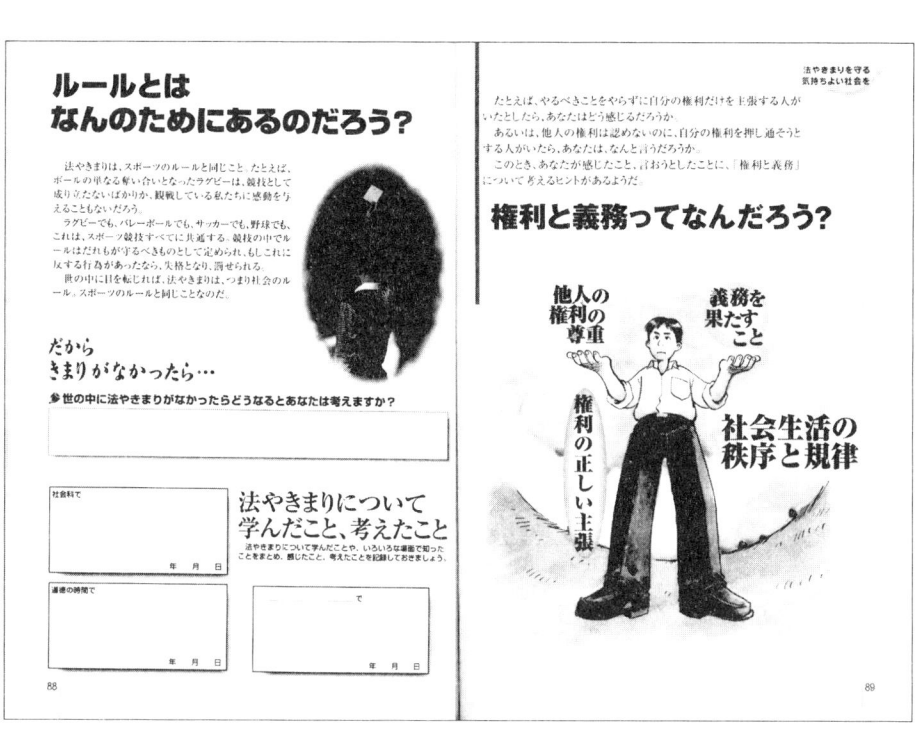

『「心のノート」中学校』88・89ページ

もたちは案外「自分たちの義務」と勘違いしているかもしれません。もちろん子どもたちにとっては教育を受けるのは「権利」です。そんなことを教えるのも教師の「義務」であろうというものです。

＊「自分だけがよければいい…」(90〜93ページ)

「自分だけがよければいい」のでないことは当然のことであり、しかしそれを「公徳心」(90ページ)だの「社会連帯」(91ページ)だのといった言葉で「ボランティア活動」などへの"自発的"な参加をソフトに強要されるのは、子どもたちにとってたまったものではありません。ましてやそんなことを学校で評価されたのでは、評価されるためのボランティアなんてことになってしまいかねません。

率先垂範（先に立って模範を示すこと）というのは、もはやなかなか子

どもたちに通じないのかもしれませんが、まずは大人たちが変わるべきなのでしょう。「自分たちがよければいい」と見える行動をしている大人たちが、子どもたちに「自分たちがよければいいのか」などと言えるはずもありません。

　それでもこのページを使うなら、「公徳心」とか「社会連帯」なんて言わないで、大人たちの「自分だけがよければいい」という行動を思いつくまま列挙させてみてはどうでしょうか。まず教師や保護者たちが襟を正さざるをえなくなるかもしれません。

＊「この学級に正義はあるか！」(94〜97ページ)

　こんな説教臭いノートを作った文部科学省にそもそも「正義はあるか」と問い返したくなるページです。自らの「正義」を信じて疑わない権力者ほど恐ろしいものはないと思うのですが、もともと「正義」という言葉は、自己正当化のための単なる政治用語でしかないのかもしれません。「正義とは何か？」について、一度子どもたちと議論してみるのがひとつの手でしょう。

　「差別や偏見のない社会を」(96ページ)というのは多くの人が思うことでしょうけど、私たちは常に何らかの「偏見」をもち、知らず知らずのうちに「差別」をしてしまいかねない存在です。それをなくすことをスローガンとするよりも、自らにも「差別や偏見」の芽があることに気づくことのほうが本質的です。

　論語の「義を見てせざるは勇なきなり」(97ページ)もいいですが、それゆえに武力行使が正当化されたりするわけですから注意が必要です。世界人権宣言とともに、世界に誇れる憲法第9条――まったくないがしろにされて、すっかり空文化しているわけですが――についても、ぜひこういう機会にきちんと教えたいものです。

『「心のノート」中学校』94・95ページ

＊「考えよう『働く』ということ」(98～101ページ)

「働くこと」は「個人の幸福追求の手段」と言いながら、「その一方で、勤労は社会への貢献でもある」(99ページ)とされています。101ページにも「世の中に貢献」「社会に奉仕し、そして貢献する」と、「貢献」という言葉が2回繰り返されます。昨今、「地域貢献」「社会貢献」「国際貢献」等々、「コーケン」が錦の御旗のように言われることが多くなりました。

人のために役立つことの価値を低めるつもりはありませんが、それが最優先であるかのように言われるのも、ちょっと違うのではないかと思います。「個人の幸福追求」のために働いた結果、ささやかに何か誰かの役に立つということだってあるのですから。

「貢献」という漢字の意味を、子どもたちと一緒に調べてみてはどう

『「心のノート」中学校』102・103ページ

でしょうか。「貢ぐ」も「献じる」も、もともとは身分の高い人に金品などを差し上げるという意味です。

＊「家族だからこそ…」(102〜105ページ)

「家族はあなたに対する愛情に溢れている」ことが大前提として書かれていますが、そんなふうにおよそ思えない家族を持った子どもたちもいるはずです。結婚をしないという選択肢を選ぶ人が増えたり、自ら望んでシングルマザーになる人もさして珍しくなくなっている昨今、「いつかあなたも新たな家庭をつくる」とも、簡単には言えません。父親が働き、専業主婦の母親がいて、そこそこのまとまりがある……といったステレオタイプ化した家族像が通用しない時代でもあります。ここに描かれるのとは違った「家族」にはどのようなものがあるのか、子どもた

ちに調べ考えさせる機会は、有意義な経験になりそうです。

　自分の家族に対し、「やがて、いまの時間を取り返すことのできなくなるずっと先になってだれでもみんな心で思う。──『ごめんね、あのころ』」（103ページ）が本当かどうかわかりませんが、本当だとしたら、「ずっと先になってだれでもみんな心で思う」なら、あえてそんなことを今のうちに言わなくてよいのではないでしょうか。先回りして子どもを誘導しないことです。

『「心のノート」中学校』106ページ

＊「この学校が好き」(106～109ページ)

　これはいったい誰の声なのでしょうか？　不登校の子どもたちの悲鳴が聞こえてきそうなページです。これを書いた人物がどんな人でどんな気持ちで書いたのかを推測させるのがひとつの手でしょう。あるいは「この学校が好き」と思える子どもにも、およそそうとは思えないでいる子どもたちに想いが及ぶような機会にできるなら、それなりに有効なページです。

＊「ここが私のふるさと」(110～113ページ)

　「あたりまえのように毎日を暮らしている私の町。ここは、確実にあなたのふるさとなのだ」と言われても、あまり子どもたちにはピンとこないでしょうけど、「20年後」（113ページ）の自分を想像し──そのとき

『「心のノート」中学校』114・115ページ

に「お父さん、お母さん」になっているかどうかはわかるはずもありませんが——、そこからいま住んでいるところをどう振り返るのか想像させるのは、それなりに面白い試みになるかもしれません。

※「我が国を愛しその発展を願う」(114〜117ページ)

　小学校1・2年版を使うことから始まって、徐々にジワジワと違和感や批判精神を抱かないようにされていき、最終的にこのページに至ることが目指されている……と思わないではいられない「愛国心」のためのページです。

　「ふるさとを愛する気持ちをひとまわり広げると、それは日本を愛する気持ちにつながってくる」(114ページ)というのも、あまりに粗雑な言説です。ふるさとに愛着があったとしても、日本という国家を愛した

くなるかどうかは、人によってさまざまなはずです。そもそも「我が国＝日本」とは単純に言えない外国籍の子どもや帰化した子どもたちもいるということを、子どもたちにあらためて認識させるべきでしょう。またここにはどうして、たとえばアイヌ民族の伝統的なものは一切描かれないのか、それが「単一民族国家」と誤解している人が多いこと——中曽根元首相は「日本は単一民族国家」と発言して大顰蹙を買いましたが、今なおそう思っている人は少なくないようです——と繋がっていることも、子どもたちと一緒に考えたいものです。

なお115ページの日本列島の地図には、ロシアとのあいだで領土問題になっている北方領土だけでなく、韓国とのあいだで領土問題になっている竹島（韓国名：独島）も、中国および台湾とのあいだで領土問題になっている尖閣諸島も小さく描かれています。それらがどこなのか子どもたちに探させてみると同時に、それがどんな問題なのかを考える機会があるとよいと思います。

＊「世界の平和と人類の幸福を考える」(118〜121ページ)

愛国心を強調し「国家」を前提としたうえで「世界の平和と人類の幸福」が説かれます。でも世界には「国家」では括れないアイデンティティーを持った人たちもたくさんいますし、在日コリアンのように「国家」の狭間で生きている人たちもいます。「我が国・日本」からいきなり世界平和に飛んでしまうのではなく、もう少し身近な「国家」を越える諸問題について考えるスタンスを持つほうがよいと思います。

「地球／そこは心の生まれた世界／人間の尊厳と良心がある世界／この星の一員として／世界に貢献できることを考えている」(120ページ)のは、いったい誰なのでしょうか？　最後の最後まで徹底して「私」を代弁してしまうとは、何とも〝お見事〟です。

「私が出会った言葉／心に響いたあのひと言」「新しい出発」「私の自我像」（124〜128ページ）

例によって書くか書かないかは、子どもたちの自由です。

【参考文献】

- 伊藤哲司著『常識を疑ってみる心理学―モノの見方のパラダイム変革』（北樹出版、2000）
- 川口由一著『自然農から農を超えて』（カタツムリ社、1993）
- 三宅晶子著『「心のノート」を考える』（岩波ブックレット、2003）
- 小沢牧子・長谷川孝著『「心のノート」を読み解く』（かもがわ出版、2003）
- 高橋哲哉著『「心」と戦争』（晶文社、2003）

おわりに

　「心のノート」をあらためて通読して感じたことは、どうしてかくも不躾で底が浅く発想が貧困な筆者たちの粗雑な言説に、延々と子どもたちが"自発的"に付きあわせられなければならないのだろうか、ということです。教師や保護者が、それらの言説から子どもたちを守る防波堤になってやる必要が、やはりあるのではないでしょうか。
　これまで私が書いてきた内容だけでは、その防波堤になるために十分ではないかもしれませんし、かえってひどくひねくれた見方をしていると取られるかもしれませんが、もとよりモノの見方にはさまざまなものがありえるわけです。ここに書いたのが唯一正しい「心のノート」の使い方だなどと言うつもりもなく、ひとつの手がかり――願わくば刺激的なヒント――として読んでいただければと思います。

　ところで、「どうして人を殺してはいけないの？」という子どもの問いが話題になったことがありました。1997年に神戸で起きた連続児童殺傷事件――逮捕された14歳の少年が犯行声明のなかで「酒鬼薔薇聖斗」と名乗って話題になった事件――の後あたりのことでした。実はそう聞かれても、それに対して十全に言葉だけで答えることはそもそも不可能です。「君は殺されてもいいの？　だから命は大事なのだよ」などと説いてみたところで、「僕は殺されたっていいんだよ。だから気に入らない奴を殺ってやる」と言われたら、それまでだからです。
　戦争では理不尽に人が殺されていくという現実を子どもたちも知っていますし、憲法で戦争を放棄しているはずのこの国の首相は、率先してイラクでの戦争を「支持する」と表明してしまいました。そんな現実の

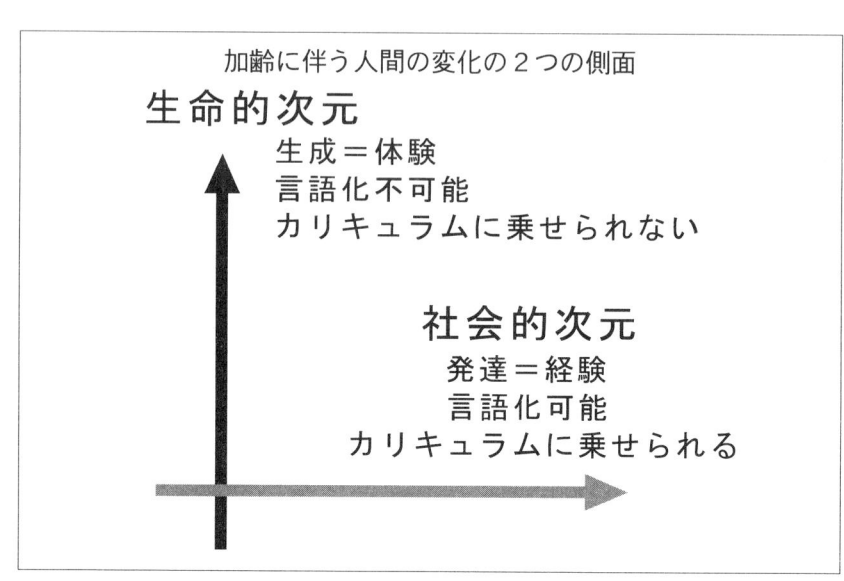

```
         加齢に伴う人間の変化の２つの側面
    生命的次元
       生成＝体験
       言語化不可能
       カリキュラムに乗せられない

                社会的次元
                  発達＝経験
                  言語化可能
                カリキュラムに乗せられる
```

（矢野智司氏〈京大〉によるシンポでの発表を元に作図）

なかで「命は地球より重たい」などと言葉で言ってみても虚しいことです。

ところで、人間が歳を重ねていくなかで生まれてくる変化は、社会的次元と生命的次元に分けることができます。

前者は、言語化することが可能な部分で、学校でのカリキュラムにも組み込みやすい側面です。いわば「経験」のレベルの話であり、その変化を通常私たちは「発達」と呼んでいます。これが教育学などでも盛んに論じられ、研究されてきた側面です。

一方後者は、言語化することが難しく、「あー」とか「うー」とか、言葉にならない呻き声などとしてしか表現ができず——あるいは黙り込んで沈黙して「表現できない」という表現しかできず——、したがってカリキュラムに意図的に組み込むことが難しい側面です。こちらは「体験」のレベルの話であり、その変化を「生成」と呼ぶことができます。

「命の大切さ」にしてもそうですが、いじめや校内暴力、あるいは不

登校やひきこもりといった現象は、基本的にすべて生命的次元の問題です。それを説教がましい言葉で何とかしようとしても――つまり社会的次元の問題として扱おうとしても――どうにもならないのは明らかなのですが、それを何とかしようとしてしまっているのが「心のノート」なのです。

　もちろんこういった問題に対して言葉がまったく無力というのではありません。私たちは言葉で思考し表現し他者とコミュニケーションを図る存在でもあります。しかしある言葉が深くその人の心や体に響くためには、それを受け入れるだけの深い「体験」――「原体験」とでも呼ぶべき体験――の積み重ねがなければなりません。

　「自分を耕してみよう」という言葉が、自己啓発のキャッチフレーズとして使われることがあります。「文化」を意味する英単語のcultureの語源は「耕す」ことであり、たしかに荒れた原野のままでは、人間にとって有用な農作物を育てることはなかなかできません。自然の本来の力を活かすにしても、それなりに手を入れることは必要です。

　しかし機械化農業が普通のこととなった近代では、土を深く耕して、草を１本も生やしてはならぬと強迫的に農薬を使い、本来田畑で生きていた虫や小動物までも殺してしまいます。こんななかで、とりあえず見た目には素晴らしい野菜ができたりしますし、私たちは、こういう野菜をスーパーで安く買って当然と思っているわけですが、それは、本来の命の営みに沿ったものではないのでしょう。

　畑は耕されることによって生態系が破壊され痩せていき、それゆえに肥料が必要となり、また作物に集中する虫を殺すために農薬が必要となります。逆に、耕さない畑では、草が生え、虫たちが息づき、微生物も含めた生命活動が盛んになります。そんななかで雑草の勢いを少し抑えてやれば、作物はより丈夫に育っていきます。季節が巡れば草々が枯れ

て倒れ、それらが堆積して肥沃な土に変わっていきます。それがまた次の年の作物を育てる土台となります。

　そんな自然農と呼ばれる営みに取り組んでいる人たちがいます。実は私もその一人です。耕さない田畑は、1年や2年では上手くいかないことが多いのですが、3年4年と辛抱強く続けていくことによって、年々収穫できる作物が大きくなっていき、田畑そのものが育ってくるという実感が得られるようになります。もちろん自然農は、環境を破壊せず、むしろそれをも同時に豊かにするという面もあり、近年注目を集めている農法です。

　たとえば、そんな自然農に直に触れることが、自ずと「命の大切さ」への原体験的な理解——言葉にならない実感——を促すことでしょう。幸か不幸か「愛国心」は、そこからは育たないでしょうけれども。

　さんざんお説教をされ、テスト漬けにされて自分の能力の見極めを迫られる子どもたち。通勤途中に栄養ドリンクを飲みながらかろうじてノルマをこなしているサラリーマンたち。育児疲れで子どもに思わず手を挙げてしまう主婦たち……。現代日本に生きる私たちの多くは、耕されすぎていて、見かけだけは立派な張りぼてのような命をかろうじて繋いでいるのではないでしょうか。「心のノート」は、そんなこの国の子どもたちを、さらに深く耕しつくそうとしているかのようです。

　本書ではそんな「心のノート」の本質を見抜き、逆手にとって活用する方策について考えてみました。繰り返しになりますが、ここに示したほかにも、さまざまな観点があろうかと思います。学校という空間で、先生も子どもたちも自由が奪われつつある——大学もまたしかりなのですが——という声をしばしば聞きます。この大変な時代を、しかししぶとく、かつたくましく子どもたちとともに生き抜くために、いろいろと工夫をしていきたいものだと思います。本書がそのためのヒントになることを願っています。

おわりに

　本書の原稿を書き終えようとしていた2004年2月初旬、宮崎県の高校3年の女子生徒が、自衛隊のイラク派兵反対の約5300人分の署名を集め、政府に提出したというニュースが流れてきました。私は若い彼女の行動力に深く感銘を受けたのですが、小泉首相はその内容を読みもせず、「自衛隊は平和貢献するんですよ。この世の中、善意の人間だけで成り立っているわけじゃないと。なぜ、警察官が必要か、なぜ軍隊が必要かと各国ね。生徒さんにも、なかなか国際政治、複雑だなあという点を、先生がもっと生徒に教えるべきですね」（『東京新聞』2004年2月7日）と記者団に答えたそうです。
　また彼は、「日教組の中には（派遣は）憲法違反だとデモしている人もいる。政治活動に精を出すよりも、生徒の教育に精を出していただきたい」とも、2月5日の参院イラク復興支援特別委で述べたと伝えられています。「政府のやることには生徒も先生も批判するな」という本音が透けてみえます。それがまさに、「心のノート」の"心"です。
　教育基本法第10条には、「教育は、不当な支配に服することなく、国民全体に対し直接に責任を負つて行われるべきものである」と明記されています。教育には、政府とて下手に口出しができないということです。現在目されている教育基本法改定の構想では、この部分を一番変えたいと考えられているようです。
　教育基本法では「国民」しか想定されておらず、在日外国人の子どもたちの教育について言及がないという問題があり、この点については議論されねばならないと思う一方で、憲法第9条と同様、教育基本法第10条の改正を安易に許してはならないと私は考えています。

　本書は、私と同世代でかつ同じく小学生の子どもを持つ高文研の真鍋かおるさんから提案を受けて執筆したものです。それまでに幾度か講演

等で「心のノート」について話す機会がありましたが、一冊の著書にまとめる機会はありませんでした。そんなきっかけを与えてくださった真鍋さんに心から感謝いたします。

　2004年2月

伊藤　哲司

伊藤　哲司（いとう　てつじ）
　1964年名古屋生まれ。茨城大学人文学部助教授。専攻は社会心理学。1993年、名古屋大学大学院文学研究科（心理学専攻）満期退学。1998年5月～1999年2月、文部省在外研究員としてベトナム（ハノイ）滞在。2002年～「日本ベトナム教育セミナー」の開催に主催者として毎年関わる。

〔主な著書〕
『NGÕ PHỐ HÀ NỘI : NHỮNG KHÁM PHÁ（ハノイの路地―その探索―）』(Hanoi : NHÀ XUẤT BẢN HỘI NHÀ VĂN〈作家会出版社〉)、『ハノイの路地のエスノグラフィー―関わりながら識る異文化の生活世界―』（ナカニシヤ出版）、『常識を疑ってみる心理学―モノの見方のパラダイム変革―』（北樹出版）、『心理学におけるフィールド研究の現場』（共編著、北大路書房）、『現場心理学の発想』（共著、新曜社）他。

〔ホームページ〕http://www008.upp.so-net.ne.jp/tetsujiyuko/

心理学者が考えた
「心のノート」逆活用法

- 2004年3月20日──────第1刷発行
- 2005年8月10日──────第3刷発行

著　者／伊藤　哲司
発行所／株式会社　高文研
　　　　東京都千代田区猿楽町2-1-8　〒101-0064
　　　　TEL 03-3295-3415　振替00160-6-18956
　　　　http://www.koubunken.co.jp
組　版／WEB D（ウェブ・ディー）
印刷・製本／株式会社シナノ

ISBN4-87498-321-9　C0037

思春期の心・からだ・性

思春期・こころの病
その病理を読み解く
吉田脩二著 2,800円

自己臭妄想症、対人恐怖症などから家庭内暴力、不登校まで、思春期の心の病理を症例をもとに総合解説した初めての本。

若い人のための精神医学
よりよく生きるための人生論
吉田脩二著 1,400円

思春期の精神医学の第一人者が、人の心のカラクリを解き明かしつつ「自立」をめざす若い人たちに贈る新しい人生論！

いじめの心理構造を解く
吉田脩二著 1,200円

自我の発達過程と日本人特有の人間関係という二つの視座から、いじめの構造を解き明かし、根底から克服の道を示す。

人はなぜ心を病むか
●思春期外来の診察室から
吉田脩二著 1,400円

精神科医の著者が数々の事例をあげつつ、心を病むとは何か、人間らしく生きるとはどういうことか、熱い言葉で語る。

いのち・からだ・性
●河野美代子の熱烈メッセージ
河野美代子著 1,400円

恋愛、妊娠の不安、セクハラ…性の悩みや体の心配、悩める10代の質問に臨床の現場で活躍する産婦人科医が全力で答える

性・かけがえのない
高文研編集部編 1,300円

無責任な性情報のハンランする中、作られた嘘と偏見を打ち砕き、若い世代の知るべき〈人間〉の性の真実を伝える

新編 愛と性の十字路
梅田正己著 1,300円

愛とは何か？性をどうとらえるのか？性をかいくぐりつつ、若い世代の体験をかいくぐりつつ、性の成長と開花の条件をさぐる。

多様な性がわかる本
伊藤悟・虎井まさ衞編著 1,500円

性同一性障害、ゲイ、レズビアンの人々の手記、座談会、用語解説、Q&Aなど、多様な「性」を理解するための本。

甦える魂
●性暴力の後遺症を生きぬいて
穂積純著 2,800円

家庭内で虐待を受けた少女がたどった半生の魂の記録。児童虐待の犠牲者自身がリアルに描ききった初めての本。

解き放たれる魂
穂積純著 3,000円

性虐待の後遺症を生きぬいて勝ち取った「改氏名」の闘いを軸に、自己の尊厳を取り戻していった魂のドラマ

虐待と尊厳
●子ども時代の呪縛から自らを解き放つ人々
穂積純編 1,800円

自らの被虐待の体験を見つめ、分析し、虐待による後遺症の本質と、そこからの回復の道筋を語る10人の心のドラマ

見つめられる顔
●ユニークフェイスの体験
石井政之・藤井輝明編著 1,500円

顔にアザや傷があることで、なぜ生きることが苦しいのか。顔にハンディを持つ当事者や家族ら16名が綴った勇気の記録

★表示価格はすべて本体価格です。このほかに別途、消費税が加算されます。